インドの食卓

そこに「カレー」はない

笠井亮平
Ryohei Kasai

ハヤカワ新書 016

はじめに――インドに「カレー」はない？

インド料理といえば、何といってもカレーである。日本で国民食となったカレーのルーツは、もちろんインド。インド人は毎日三食カレーを食べている――。ところが、インド人は必ずしもカレーばかり食べているのではないのだ。それどころか、そもそもインドに「カレー」なる料理はないとすら言える。

そんなはずはない、と思うかもしれない。近所のインド料理屋のメニューには豊富なカレーが並んでいるし、ランチには「カレーセット」があるではないか。インドにカレーがないのなら、「本場インドカレー」を看板にする名店は一体何なのか、と。スーパーでレトルトカレーの棚に目をやれば、「カシミールカレー」や「インドチキンカレー」、「ベジタブルカレー」といったインドカレーの商品は一大勢力をなしている。

「インドを旅行したとき、レストランのメニューには『curry』と書かれたメニューがいくつもあったし、実際に食べた」という方も多くいるだろう。実際、筆者もインド各地で「curry」を食べてきた。当のインド人も、「インドのカレーは……」という言い方をすることもある。

しかし、多くの日本人が思い浮かべるような意味での「カレー」に相当するものはない。あえてインドの「カレー」を説明すれば、それは「さまざまなスパイスで調理した料理全般」ということになるだろうか。ソース状になったものを「グレーヴィー（gravy）」と呼ぶことはあるが、「カレー」全般を指し示すものではない。豆が入った「ダール」、南インドでポピュラーな野菜が入ったスープ状の料理「サンバル」、ヨーグルトやペースト状のナッツ等を用いてクリーミーに仕立てた「コルマ」など、それぞれの料理に名前が付いている。和食には出汁《だし》が欠かせないが、だからといって出汁が入っている料理全般を「ダシ」と呼ぶことはないように、多種多様なスパイス料理を一括りに「カレー」と総称することはないのである。

「curry」は、タミル語で野菜や肉を炒めた料理を意味する「kari」、あるいはマラヤラム語およびカンナダ語でほぼ同じ意味の「karil」という言葉が語源と言われている（この三言語はそれぞれ、今日の南インド、タミル・ナードゥ州、ケーララ州、カルナータカ州で話されている）。これが英領インド時代、イギリス人によってスパイスを用いた煮込み料理や汁物料理全般を表す「curry」になったという説が有力だ。ちなみに、「カレーリーフ」という葉があるが、これはスパイスの一種であって、それだけでカレーが作られるわけではない

（カレーリーフについては、インドでは言語ごとに独自の呼称がある）。

インド料理に「curry」がないことは、いくつか例を挙げて示すことができる。インド料理について書かれたものはレシピ本を含めると膨大な数に上るが、二〇一〇年にロンドンで刊行された『インディア：ザ・クックブック』という本はそのボリュームと内容の充実度から話題を呼んだ一冊だった（背表紙には「1・5kg」という本の重量がわざわざ示してあるほどである）。収録レシピはなんと一〇〇〇以上。「インド料理大全」と呼ぶにふさわしい本だ。そこでは、「チキンカレー」や「フィッシュカレー」といったメニューの紹介はあるもののそれらはごく一部で、それぞれ「curry」を用いない料理名がずらりと並んでいる。

テレビではこんなシーンもあった。NHK BS1で放送されていた世界各地のストリートフードを紹介する番組でロンドンが取り上げられたときのことだ。キッチンカーでインド料理を出すインド系と思しき料理人は、「カレーを作っているんですか？」という質問に対し、「インドにカレーなんていうものはないんだよ」と答えていた。

食文化に詳しいイギリスの歴史家、リジー・コリンガム氏は、本書でも度々引用・参照する『インドカレー伝』で、次のように記している。

「じつは、カレーというものは、ヨーロッパ人がインドの食文化に押しつけた概念だったのだ。インド人はそれぞれの料理を固有の名称で呼んでいた……（中略）ところが、イギリス人はこれらをひっくるめてカレーという名前で一括りにしてしまったのである」

ただ、「curry」という言葉は便利だった。イギリス人が本国、さらにはその他の国で「curry」なるインド料理を広めていった。その過程で、さまざまなスパイスを調合した「カレー粉」——これもまたインドには元々なかった——も発明された。イギリス版ピラフには、「ケジャリー」や鶏肉料理「コロネーションチキン」といったイギリスでポピュラーな料理には、いずれもカレー粉が味付けに用いられている。そして「カレーライス」もイギリス発祥だ。これが明治時代に日本にイギリス海軍を通じて伝えられた。もしインドからカレー的な料理が先に伝わり普及していたら、日本のカレーはずいぶん変わったものになっていたかもしれない。

こうして「カレー」が世界に広まっていくなかで、インドでも英語でコミュニケーションをとる人びとのあいだでこの語が用いられるようになった。やはり便利だったのである。インドのレストランの英語メニューで「curry」があるのは、こうした経緯による。

より丁寧に言えばインドに元々「カレー」はなかったが、近代史、すなわち植民地時代の中で「カレー」というカテゴリーが「発明」され、多くの料理が便宜的に「カレー」と称されている、ということになる。つまり、インドにカレーはないとも言えるし、あるとも言える。何やら禅問答のような話だが、「インド料理＝カレー」ではないのだ。

インドという存在は、なぜかステレオタイプで捉えられがちな国だ。食品のパッケージに描かれるターバンを巻いた男性とサリーをまとった女性。インド人は理数系に秀でていて、誰もが二桁のかけ算を瞬時にこなすことができる（これには、「さすがゼロの概念を生み出したインドだけのことはある」「テック企業のＣＥＯにインド系が多いのも納得」というトピックもセットになることが多い）。インドはとにかく暑い。インド人は時間を守らない。話しはじめたら止まらない――。いずれもそのような特徴や側面がまったくないわけではないが、かといってそれが誰でもどこでも当てはまるということはない。むしろ、ごく一部を表しているに過ぎないという場合も少なくない。

そしてインド料理もまた、単純化されたイメージで語られることが多いテーマだ。冒頭で触れたカレーをめぐるある種の「誤解」は、その最たるものと言える。だが、インド料理はカレーの一語で言い表せないほど、バラエティに富んだ食のワンダーランドなのだ。

まず、地域によってその様相は大きく異なる。多くの人がイメージするインド料理は北インドのものだが、これが南インドとなると見た目も味わいもずいぶん違う。先入観がまったくない状態で北インドと南インドの料理を前にしたら、同じ国のものとは思えないかもしれない。ベンガル地方に代表される東インドの料理も魚介を使ったものが多く、南北インドにはない特徴がある。そして北東部は民族的にもインドの他の地域とは異なり、食文化も一線を画している。

味わいも画一的ではない。「インド料理は辛い」と言われることも多いが、それは唐辛子的な辛さというよりはさまざまなスパイスによるものだし、家庭料理はかなりマイルドだ。また、「カレー」以外にも、魅力的な料理がいくつもある。日本でも近年ファンが増えている炊き込みご飯、「ビリヤニ」はその代表格だろう（そのビリヤニもまた、地域によってさまざまな特徴がある）。

本書のねらいのひとつは、インド料理にまつわる諸々のステレオタイプを一掃し、よりリアルな姿を紹介することにある。筆者は南アジアを専門とする研究者として、インドとパキスタンにそれぞれ二年滞在したことがある。それ以外の時も、日本から年に何度も出張を繰り返し、インド各地の料理を食べてきた。日本でもインドはじめ南アジア各国の料理の動向をウォッチしている。その度に多種多様なインド料理に感嘆してきたが、同時にこの豊穣な食文化が日本ではまだ十分に伝わっていないのではないかという思いも抱いてきた。もちろん、どんなものを食べるかについては、他人がとやかく言うことではないかもしれない。ただ、せっかくの魅力がステレオタイプ、場合によっては「誤解」によって阻まれているとしたらそれは残念なことだと思う。

もうひとつのねらいは、料理を通じてインドの文化や宗教、さらには歴史を解き明かすことだ。食事は人間にとって欠かすことのできない行為だが、そこには国や地域、信仰、民族といったファクターが色濃く表れる。何を食べ（あるいは食べてはいけないか）、どう食べ、誰と食べるか。その食材はなぜインドで食されているのか。いつから食べられるようになったのか。どのような禁忌があるのか――。どの国や地域でもそうだが、インドのように巨大かつ多様な国では、食をめぐる差異もさまざまで、そこにはそれぞれのアイデンティティが埋め込まれていると言える。なにせ、一四億という膨大な人口――二〇二三年には中国を抜いて世界第一位になった――を抱えているのだから。加えて、飲み物、とりわけアルコールも、単に嗜好だけでなく信条や信仰、さらには社会背景までをも映し出す要素と言える。なお、こうした特徴は、単に違いを表すというだけでなく、時にはその断層に沿ってコンフリクトが生じることも忘れてはいけない。

食という視点から外の世界とインドの関わりを論じることも大きなテーマのひとつだ。インド料理という存在の大きさもあってかこれまでほとんど注目されてこなかったが、インドには外来の料理も多数ある。その代表格は、なんといっても中華料理だろう。もちろん、どこの国にも中華料理はある。だがインドの場合、かなり独特の進化を遂げていて、「インド中華料理」というひとつのジャンルを形成するにまで至っている。「ガラパゴス的」とも言える進化を遂げた背景には、インドと中国の複雑な近現代史がある。また、インドの食には現在進行形で変化が生じている。米欧の料理が人気を博し、ファストフードチェーンは進出攻勢をかけ、インスタントやレトルト食品が普及しつつある。こうしたなか、日本でおなじみの食品やチェーンもインド人の胃袋に照準を合わせている。

本書を読み終えたときには、きっとインド料理に対する見方が一変するだろう。同時に、食を通じてインドへの理解がぐっと深まるはずだ。そして途中でも読後でも、ぜひ実際に料理を味わっていただきたい。日本でも多種多様なインド料理店が急速に増えており、以前では考えられないほど選択肢が豊富になってきている。前口上はこれくらいにして、さっそく「ほんとうのインド料理」の話に入っていくことにしよう。

目次

第五章　「インド中華料理」

第六章　インドから日本へ、日本からインドへ

キルギス
タジキスタン
アフガニスタン
中　国
ラダック
連邦直轄領
ジャンムー・
カシミール
連邦直轄領
ダラムサラ
ヒマーチャル・
プラデーシュ
アムリトサル
パキスタン
パンジャーブ
ウッタラーカンド
ハリヤーナー
モラダバード
デリー
ネパール
シッキム
ブータン
アルナーチャル・
プラデーシュ
ラージャスターン
ウッタル・プラデーシュ
アッサム
コヒマ
ビハール
メーガーラヤ
インパール
バングラデシュ
マニプル
グジャラート
ジャールカンド
トリプラ
ミゾラム
アーメダバード
マディヤ・プラデーシュ
西ベンガル
コルカタ
チャッティースガル
ミャンマー
マハーラーシュトラ
オディシャ
ナーシク
ムンバイ
プネー
テランガーナ
ハイデラバード
ゴア
カルナータカ
アーンドラ・
プラデーシュ
ベンガルール
チェンナイ
プドゥチェリー
連邦直轄領
タミル・ナードゥ
ケーララ
ラクシャ
ドウィープ
連邦直轄領
アンダマン・
ニコバル諸島
連邦直轄領
スリランカ
0
800km
1/5,424,300
インドの州・主な都市

第一章

「インド料理」ができるまで

——四〇〇〇年の歴史

四〇〇〇年前のインド料理——インダス文明時代に食べられていたもの

現代のインド料理の話をする前に、本章ではそれが歴史的にどのような変遷を経てきたのかに焦点を当てる。ただ、インドの歴史は紀元前二六〇〇年ごろのインダス文明に始まり、四六〇〇年以上にも及ぶ。そこで、ここでは食文化についての考古学的調査や当時の文献をいくつかピックアップして、現代の料理との比較も交えつつ、時代ごとの特徴を見ていくことにしたい。

インダス文明が栄えた時代に人びとは何を食べていたのか——。その一端を示す調査結果が、ワシントン州立大学バンクーバー校の考古学者、アルニマ・カシャップ氏やスティーヴン・ウェバー氏らによって二〇一一年に発表された。デリーから西に車で二時間ほど行くと、ファルマナという場所がある。カシャップ氏らは、そこで発掘された料理鍋や石製の調理器具、人の歯などに残ったデンプンを調べたところ、ターメリックとショウガ、ナスであることを突き止めた。また、穀類としては小麦と大麦、それに雑穀があったこともわかった。マンゴーなどの果物も確認されたという。

これをもとに、フードライターのソイティ・バネルジー氏は、イギリスBBCウェブサイトのインド料理特集「インディア・オン・ア・プレート」で、「カレーの原型」のレシピを紹介している（なお、調査で示されたもの以外にも、当時あったとされる材料もいくつか用いられている）。ショウガとターメリック、クミンシードを湿らせた状態ですりおろし、熱したごま油に入れて数分間炒める。そこにナスと塩少々を入れてよく混ぜ合わせる。適宜水を加えながら、ナスに火がよく通るまで蓋をして煮込む。さらに、マンゴーと水分を減らしたサトウキビの汁を混ぜ合わせ、数分間煮込む。これを「バジラ」と呼ばれる雑穀（トウジンビエ）で作ったローティー（インドのパン）と一緒に食べる、という具合だ。ナスをメインにしつつ、ごま油の香ばしさとスパイスの刺激、それにマンゴーやサトウキビの甘さが合わさった味はなかなかいけるのではないか。雑穀で作ったローティーと合わせ、非常にヘルシーな食事と言えそうだ。

考古学面からは、他にも重要な発見が報告されている。二〇二三年七月、アメリカの科学誌『サイエンス・アドヴァンシズ』に、ヴェトナムのオケオ遺跡で、二〇〇〇年前にインド由来と見られるスパイスが料理に用いられていたことを示す論文が掲載されたのだ。現在のヴェトナム南部、カンボジア、タイの一部を支配領域とした扶南という国が紀元一世紀末ごろに成立し、オケオはその交易拠点だった。

論文によると、遺構から発掘された調理器具を調べたところ、微量ながらさまざまなスパイスが付着していたことがわかったという。確認されたのはターメリック、ショウガ、フィンガールート、サンドジンジャー、ガランガル（いずれもショウガの一種）、クローブ、ナツメグ、シナモンといった、現代のインド料理にも用いられているスパイスだった。どのような料理が作られたかまではわかっていないが、スパイスがふんだんに使われていたということであれば、今日でいう「カレー」的なものだった可能性はあるだろう。扶南はヒンドゥー教やサンスクリット語に代表されるインド文化を取り入れたことで知られていたが、調査結果は食の面でもつながりがあったことを示していた。

『南海寄帰内法伝』に記された仏教僧の食事

インドのイメージとして真っ先にあがるのは、「仏教発祥の国」だ。現在のインドでは仏教徒は総人口の一％にも満たないのだが、ヒンドゥー教の台頭や一二世紀末以降のイスラム王朝の侵入や支配によって衰退するまでは、仏教が広く信仰されていた。紀元前五世紀ごろにゴータマ・シッダールタ（釈迦）によって開かれた仏教は、北インドを中心に広がっていった。紀元前四世紀から前二世紀にかけてインドを支配したマウリヤ朝では、アショカ王の下で仏教が篤《あつ》く保護されたことが知られている。「世界最古の大学」とも言われる仏教の最高学府、ナーランダ僧院にはアジア各地から仏教僧が集結して勉学に勤しんでいた。中国（当時は唐）の義浄もそのひとりだった。六七三年に海路でインドに行き、一〇年にわたりナーランダ僧院に学んだ。三蔵法師として知られる玄奘とほぼ同時代と言えば、イメージが湧きやすいかもしれない。

この義浄が帰国途中の滞在地で書いた『南海寄帰内法伝』という書物が後世に伝わっている。日本語訳も出ており、仏教僧という限定つきではあるが、この時代の生活や食事のしきたりについて知ることができる。たとえば、「餐分浄触」、つまり食事に際しての浄・不浄の区別があることを取り上げた章では、次のような記述が見られる。

「既に一口でも餐（食）べてしまっているのならば、（餐食《た》べた当人はもとより、その手をつけた食物も、またそれを盛ってある食器も）皆触（不浄の状態）に成ってしまうのである。（そうであるからして、この口をつけた食物を）受けた（食）器は宜しく（注意して）重ねて将いることのないようにすべきであり、（食事者の）傍辺《かたわら》に置《お》在いて（食事が終）了するのを待って（他のものと）同じく棄てるのである」（『現代語訳　南海寄帰内法伝』）

浄・不浄の区別は、「受斎軌則」という食事にまつわるさまざまなルールや作法を記した章でも、食器や座席、浄水の扱いなどを通じて繰り返し強調されている。

食事のとり方もさることながら、やはり気になるのは何を食べていたかだ。まず、「薑《はじかみ》」と呼ばれるショウガと塩が少量出される。次いで、乾燥させたうるち米、豆のスープが授けられ、そこに熱い「サルピス」を注いで、手で混ぜるとともにスパイスや調味料を入れる。また、餅や果実も配られ、その後には乳や酪、砂糖も出るとされている。ちなみに食べるときは右手のみを使う。

ところで、「サルピス」とはいったい何なのか。インド文化研究家の伊藤武氏によると、牛乳から次のような過程を経てできる「醍醐《だいご》」のことだという。

「搾りたての牛乳を釜で煮つめたのが〈酪〉である。酪の上面には、クリームを含んだ厚い固形分の層ができる。これが〈生酥〉である。生酥を取り出して素焼きの壺に入れておくと、熟成したクリームチーズになる。〈熟酥〉である。それをもう一度火にかける。すると、乳脂肪が溶融する。この乳脂肪を集めて布で漉した百パーセント混じり気のないバターオイルが、すなわち〈醍醐〉である」（伊藤武『身体にやさしいインド　神秘と科学の国の「生きる知恵」』）

サルピスができるまでに、かなり複雑な工程を経て作られることがわかる。このサルピスとは、インド料理に欠かせないバターオイル、「ギー」と同じものだろう。いまでは製法はもっとシンプルで、生乳からバターを作り、そのバターを煮沸することでできた上澄みの部分がギーとなる。ギーは精製の過程で不純物が取り除かれていることで、腐りにくい。醍醐も同様で、現代のような保冷機器など当然ないなかで、保存性に富んでいることは重要だったのである。さらに、伊藤武氏が醍醐の製造過程について「生身の人間を不死（涅槃）に導く仏教にたとえられた」と言及しているように、実用面の有用性だけでなく宗教的な意味合いをも帯びていたのである。

イブン・バットゥータが『大旅行記』に記したインド料理

一三二五年、モロッコ人のイブン・バットゥータがメッカへの巡礼を皮切りに、中東やアフリカ東海岸、アジア各地を三〇年近くにわたり旅していった。大航海時代が始まるのが一五世紀半ばのことだから、それより一世紀以上前のことである。

彼の旅行記には移動経路や滞在先での見聞、自身が交わした人びととのやりとりが克明に記されており、当時のアジアや中東の状況を知るための一級史料になっている。『大旅行記』として知られる書物の原題は『都市の不思議と旅の驚異を見る者への贈り物』といい、まさに初めて見る事物や人びと、土地への驚嘆であふれている。各地の記述の中で、食についての話題が折に触れて登場するところも興味深い。地元の王に招かれた会食の風景や料理を記したものが多いが、一般の人びとの食事や飲み物の様子も取り上げられている。

イブン・バットゥータはインドおよび周辺国にも滞在した。当時のインドはイスラム王朝のトゥグルク朝が支配していた。その支配領域は北インドだけでなく、南インドやベンガル地方、現在はパキスタンに属するシンドにまで及んだ。彼は第二代スルタンのムハンマド・ビン・トゥグルクのもとで、一三三四年から八年にわたりデリーで過ごすことになる。

そのスルタンの館で開かれた宴席に招かれたときの様子が記されている。スルタンが食べる「特別宴」とそれ以外の臨席者が食べる「一般宴」の二つがあるという。ここでは後者について見ていくことにしよう。

料理のラインナップは、「薄い丸形パン、焼き肉、一杯に糖蜜が詰まっている縁付きの薄い丸形パン、飯米、鶏肉とサムーサク」とのこと。なお、「サムーサク」というのはサモサのことだろう。ジャガイモや挽肉を生地で包んで揚げた料理で、今でも定番のスナックだ。出席者が着席すると、会食が始まる。

「シャラブダーリーたち、つまり飲み物の給仕人たちが、手に手に黄金製、銀製、銅製とガラス製の水差しを持って現れる。その水差しには、砂糖を水に溶かしたものが一杯に詰めてあり、臨席の人々は食事の前にそれを飲む。飲み終わると、侍従官たちが「神の御名において！」と言い、人々は料理を食べ始める。各人の前には、備えるべきすべてのものが盛られた一人前の膳が置いてあり、一つの皿で他人と一緒に食べることは決してしない。人々が食べ終わると、錫製の壺に入れた大麦の醱酵水がもたらされる」（『大旅行記 5』）

最後に、「砕いた一握りの檳榔子とキンマの葉一五枚を朱色の絹糸で縛って束ねたもの」が配られる。これは、現在でもある「パーン」だ。檳榔子、つまりビンロウをキンマというハートの形をした緑の葉で包んだものを食べると清涼感が得られる。インドだけでなく、タイなどでも嗜好品として用いられている。ただ、ビンロウは嚙むと赤い汁が出て歯が赤く染まり、汁を吐き出すと地面を汚すことにもなる。さらに依存性があることも知られている。そのため、現代では忌避される傾向にある。

イブン・バットゥータは、インド南西部、マラバール地方（現在のケーララ州）のヒナウルという場所に滞在したとき、現地の王、スルタン＝ジャマール・ウッディーンから食事に招かれた。そのときの様子が詳しく記録されているので、紹介したい。

出席者の前には「ハワンジャ」という銅製の食卓が配置され、「ターラム」と呼ばれる銅製の椀が置かれている。そこに「絹の衣布を体に巻いた美しい一人の女奴隷」が大鍋を持って現れ、食事をサーブしてくれたという。

「彼女は銅製の大きなスプーンを持ち、御飯をスプーンで一盛りよそって、それをターラムに入れ、その御飯の上に油脂（バター）を注ぐ。彼女は、それと一緒に数房の塩で漬けた粒胡椒、緑の生姜、塩漬けレモンとマンゴーを盛り付ける。会食者たちは、御飯を一口食べ、続いてその塩漬け類の一部を口にする。ターラムに盛られた一匙の御飯がなくなれば、女奴隷は替わりの御飯一匙をよそう。そして大型の深皿に入った煮付けた鶏が出されると、会食者たちは再び御飯と一緒にそれを食べる」（『大旅行記　6』）

鶏料理だけでも何種類か出されるのだが、会食はまだまだつづく。

「数種の魚料理が運ばれる。これらも同じように、会食者たちは御飯と付け合わせで食べる。（中略）次に油脂とミルクで料理した野菜が出され、これを御飯と一緒に食べる。そうした料理がすべて終わると、クーシャーン――凝乳のこと――が運ばれて、これをもって彼らの

「すべての」食事は終了する」（『大旅行記　6』）

食事が終わるとお湯を飲むのだが、それは雨季に冷たい水を飲むと、身体によくないからと言われたことも記されている。

ここで興味深いのは、彼がこのスルタンのもとに滞在した一一か月、さらにはモルディヴやスリランカ、他のマラバール地方で過ごした三年間のなかで、主食は米だけでパンはいっさいなかったと記していることだ。米に飽きて「水がなければなかなかのみ込めなかったほど」と当時の様子を振り返っている。この記述からも、南インドは当時も圧倒的に米食だったことがわかる。

トウガラシがインドにやってきた——スパイスの伝播

インド料理には多種多様なスパイスが用いられる。本章冒頭でも紹介したように、ターメリック（ウコン）にショウガ、クミンシードなどは、古代インドでも用いられてきた。インドにはスパイスジェットという格安航空会社（ＬＣＣ）があるほど、スパイスといえばインドといった感がある。

スパイスの多くはインド原産だ。たとえば、黒胡椒は現在のケーララ州にあたる南西インド沿岸部で古くから栽培されてきた。サンスクリット語で「マーリーチャ」と呼ばれるが、これは叙事詩『ラーマーヤナ』に登場する鬼神ラークシャサ（羅刹）の名前でもあり、古代からコショウがあったことと関連があると見られる。イブン・バットゥータの『大旅行記』でも、胡椒の木の生育から実の摘み取り、乾燥を経て商人に売却するまでの過程が紹介されている。他にも、ターメリックやショウガ、クローブ、ナツメグなどがインドで栽培されてきた。

こうしたスパイスが古来インドで栽培され、料理に用いられてきたのはなぜなのか。国土の大部分が熱帯ないし亜熱帯に属するインドでは当然気温は高く、それだけ食物もいたみやすい。食材の臭みを消し、さらに殺菌効果もあるスパイスは調理においてなくてはならない存在だったのである。同時に、食べる側にとってはスパイスの刺激による食欲の増進効果もあった。

数あるスパイスの中でトウガラシは辛さの源泉であり、インド料理に欠かせないものとしてさまざまな料理に用いられている。ところが、意外にもインドでのトウガラシの歴史は浅い。アメリカ新大陸原産のトウガラシは一六世紀以降、世界各地に伝えられていき、インドにはゴアやカリカットといった、ポルトガル人によって建設された拠点を通じてもたらされた。一六世紀半ばにトウガラシがヨーロッパに伝わったとき、トウガラシは「インド・コシヨウ」や「カリカット・コショウ」と呼ばれていたが、これはアメリカから直接入ってきたのではなく、インド経由だったことを示している（このほか、「ブラジル・コショウ」の名もあった）。ちなみに、日本には一五四二年、ポルトガル人宣教師が九州の戦国大名、大友宗麟に献上するというかたちで上陸したのが初だとされる。これ以外に、アジアだけでも中国や朝鮮半島、東南アジアなど各地にトウガラシが伝播していったが、これには原産地とは異なる土壌や気候であっても生育しやすい特質が背景にある。

ただ、トウガラシが伝播したからといって、すぐに食材として普及したわけではなかったようだ。一六世紀後半にゴアを拠点に活動していたオランダ人旅行家のリンスホーテンには『東方案内記』という著作があるが、そこにはトウガラシが広く使われていたことを示す記述はない。インド料理の辛みといえば、依然として黒コショウだったのである。高橋保氏は「アジアを中心としたトウガラシの生産と伝播の史的考察」という論文で、トウガラシがインド各地に広く伝播したのは少なくとも一七世紀以降という見方を示している。

大航海時代によって新大陸からもたらされた食材は他にもある。カシューナッツもそのひとつだ。インドのナッツ屋では、さまざまなグレードのものが扱われており、インド原産という印象を抱いてしまいそうになる。輸出量も多く、ヴェトナムに次いで世界二位の座をキープしている。日本で販売されているカシューナッツやミックスナッツのパッケージを見る

デリーのローカルマーケット内にあるナッツ専門店

と、インド産となっていることが多い。しかし、実際の原産地はこれまたブラジルで、ポルトガル人によって一六世紀半ばにインドにもたらされた。こうした経緯もあって、インドではゴア産のカシューナッツがとくにグレードが高いとされている。

トウガラシに話を戻そう。「世界一辛いトウガラシ」といえばハバネロが有名だが、それを上回る辛さを持つトウガラシがインドにある。インド北東部のアッサム州、ナガランド州、マニプル州で栽培される、「ブート・ジョロキア」という品種だ（「ゴースト・ペッパー」や「ナガ・チリ」という名称もある）。辛さを測る「スコヴィル値」（ＳＨＵ）で見ると、ブート・ジョロキアはハバネロの約二倍となる一〇四万超を記録し、ギネスブックで「世界一辛いトウガラシ」として認定された。なお、この品種がトップの座にいられたのはつかの間で、二二〇万ＳＨＵの「カロライナ・リーパー」や三一八万ＳＨＵの「ペッパーＸ」といったインド以外の品種に取って代わられている。

これだけ激辛のトウガラシ、いったいどうやって使うのだろうか。生か乾燥させて食べるほか、やはりスパイスにもなるそうだが、飛び抜けるような辛さだろう。食用以外では、北東部地方で野生のゾウを撃退する際にも用いられている。さらに軍事利用もされており、インド国防省傘下の開発機関、防衛研究開発機構（ＤＲＤＯ）がブート・ジョロキアから「トウガラシ爆弾」を作り、反政府活動やテロ対策での実用を想定しているという。

ムガル帝国初代皇帝・バーブルの「食レポ」

今日世界に広まっているインド料理は北インド料理がベースになっているが、そこに絶大な影響を及ぼしたのがイスラム王朝のムガル帝国である。インドは一二〇六年から三世紀あまりにわたり「デリー・スルタン朝」と総称される五つのイスラム王朝の支配下にあった。これらの王朝はいずれも短命だったのに対し、ムガル帝国は一五二六年にパーニーパットの戦いに勝ってローディー朝を滅ぼすと、しだいに領域を拡大していき、インド亜大陸全土を支配する安定的な統治体制を打ち立てるにいたった。その統治は三世紀以上に及び、外からの影響も受けながらインド料理が進化を遂げるのである。

ムガル帝国を建国し、初代皇帝となったバーブルは、もともと中央アジアのフェルガナ出身だった。父方ではティムール朝を築いたティムールから五代目の子孫に当たり、母方はチンギス・ハーンの末裔だった。「ムガル」という名称は、ペルシア語でモンゴルを意味する「ムガール」から来ているが、これはバーブルがモンゴルの血筋を引いていることによる。

バーブルはムガル帝国建国の記録を『バーブル・ナーマ』という書物にまとめている。その中の「ヒンドゥスターン概説」というパートはとくに興味深く、当時のインドの自然や気候、そして食物の事情がよくわかる。ヒンドゥスターン（インド）に対するバーブルの評価はなかなか辛口で、「欠点」という項目では次のように記されている。

「ヒンドゥスターンは長所の少ない土地である。（中略）ぶどうもメロンも、うまい果物もない。氷もない。冷たい水もない。バーザール（市場）にも、よい料理もよいパンもない」

（『バーブル・ナーマ　3』）

これだけ読むとインドにはまともな食べものがないかのように感じられてしまうが、バーブルはインドの果物について正当な評価も与えている。「果物」の項目ではオレンジやバナナ、ライム、タマリンドをはじめとする多種多様な果物の特徴や食べ方が紹介されている。中でもマンゴーは注意を引いたようで、「バーグ（果樹園）を美しく飾れるわれらがナグザク（引用者注：マンゴーのこと）よ。そなたはヒンドゥスターンなる最良の果実」というインドのペルシア語詩人の詩を引用しているほどだ。

また、時代は異なるが、前出のイブン・バットゥータはマラバール地方滞在時に、地元の住民が「西瓜《すいか》に似た果物」を持って来たと記している。「ムクルという木になる実で、実の内部に綿に似たものがあって、蜂蜜と同じ甘味があるので、彼らはそれを摘み出し」て食べたり、「テッル」という砂糖菓子のように甘い菓子を作ったりするのだという。バーブルの不満は、故郷にあったような果物が見当たらないということにあったのだろう。

動物についても、ゾウやサイ、サル、イタチなど、ひとつひとつ名前を挙げて解説している。食用の動物としては、「ギーニー牛」という大きな仔羊ほどの牛について、「肉は非常に軟らかくうまい」と評している。驚いたのは、クジャクも食べられていたというくだりだ。好んで食べるものではなかったようだが、「肉はまずいということはない」、「やまうずらの肉に似ている」とのことである。このほか、魚も気に入ったようで、「ヒンドゥスターンの魚の肉はうまかった。それに骨っぽくもない」と記している。

ムガル帝国がもたらしたインド料理革命

ムガル帝国の統治で重要な役割を担ったのが、ペルシア人官僚だ。第四代皇帝ジャハンギール（在位一六〇五～二七年）の宰相を務めたイティマード・ウッダウラをはじめ、歴代皇帝のもとで要職に就いていた。宮廷での公用語も、ペルシア語が用いられた。さらに芸術面でも、絵画や建築様式、そして詩文にもペルシア文化の影響がもたらされていった。

こうしたペルシア文化の影響は、料理の分野にも及んだ。そのなかで、後のインド料理の「大スター」となる料理が形成されていった。一五三〇年にバーブルが死去すると、息子のフマーユーンが第二代皇帝となった。彼はベンガル地方を占領したアフガン系のシェール・

プラオがインドで進化してビリヤニになった

シャーという将軍との戦いに敗れ、インドから撤退することになった。退避先はペルシアで、亡命生活は一五四〇年から実に一五年に及んだ。

ペルシア文化にどっぷり浸かったフマーユーンは一五五五年にインドに帰還するが、その際にペルシア人の料理人をおおぜい連れてきたという。彼らが作る料理の中でも、ごちそうと見なされたのが炊き込み御飯のプラオだった。米はインド産のものが高級とされ、ターメリックやサフランを使って色鮮やかに炊き上げたり、鶏肉やレーズン、ナッツを加えたりしてバリエーションも豊富になっていった。インドではこれに豊富なスパイスが加わり、「ビリヤニ」と呼ばれるようになった。リジー・コリンガム氏はビリヤニを「インド風ペルシア・プラオ」と呼んでいるが、それはこうした経緯によるものである。

ビリヤニはムガル帝国の宮廷だけでなく、庶民にも広まっていったようだ。ポルトガル人の修道士、セバスチャン・マンリケは、一六四一年にラホール（現在はインドとの国境を挟んでパキスタン側に位置する）の市場を訪れたとき、「よい香りのする贅沢なモンゴル・ブリンジ」を、食欲をそそる料理のひとつとして挙げている。ここでマンリケは「さまざまな色のペルシアのピラウ」を別途挙げているので、「モンゴル・ブリンジ」とはピラウ（プラオ）とは微妙に異なる、ビリヤニのことを指していると思われる。なお、ビリヤニの調理方法や地域ごとの特色については、次章で項目を立てて解説する。

肉料理にもペルシアの特色が持ち込まれた。そこで好まれたのはキーマ、つまり挽肉だった。暑さの厳しい場所では、動物を捕らえて食べる場合、すぐに調理しなくてはならない。しかし肉をそのまま焼くとどうしても硬くなりがちなので、細かく刻む方法が採用されたのだった。さらに、流通網が整備されていったことで、カシミールからもアヒルや青菜をはじめとする食材が供給されるようになり、料理に多様性が増していった。

この流れは、第三代のアクバル帝のもとでもつづいた。こうしてムガル帝国の宮廷で形成されていった料理は「ムグライ料理」と呼ばれ、その後の北インド料理のベースとなっていったのである（インド宮廷料理については第六章でも触れる）。

台頭するイギリス東インド会社、没落するムガル帝国

ムガル帝国は第五代皇帝、シャー・ジャハーン（在位一六二八〜五八年）の時代に最盛期を迎える。シャー・ジャハーンが妻のムムターズ・マハルのために約二〇年の歳月をかけて墓廟、タージ・マハルを完成させたのは一六五三年のことだった。日本では戦国時代が終わって徳川幕府が成立し、太平の世が訪れていた時代と重なる。

しかし、まさにこの時期に新たな動きが外部からもたらされようとしていた。イギリスやフランス、ポルトガルの進出である。イギリス東インド会社は一六三九年にマドラス（今日のタミル・ナードゥ州チェンナイ）に要塞を築いたのを皮切りに、六一年にはボンベイ（今日のマハーラーシュトラ州ムンバイ）を、一七世紀末にはカルカッタ（今日の西ベンガル州コルカタ）を獲得していった。これらの拠点は、いずれも現代のインドで政治的にも経済的にも重要な都市になっている。

フランスも一六六四年に東インド会社を設立し、一六七二年にはポンディシェリ（今日の

プドゥチェリー連邦直轄領）を獲得した。ポルトガルは英仏に先んじて一六世紀後半からゴアやカリカットを拠点に活動していたことはすでに見てきたとおりだ。

イギリスもフランスも東インド会社の当初のインド進出の目的は交易だったが、しだいに役割を拡大し、軍隊を擁するまでになった。両者の勢力争いも激化し、一七五七年にはイギリス東インド会社とベンガルのナワーブ（太守）およびフランス東インド会社の間で武力衝突が起こった（プラッシーの戦い）。イギリスはこれに勝利したことで、インドにおいて優越的な地位を獲得した。東インド会社は、徴税権や警察権も持つ、統治機構へと変貌していったのである。

ムガル帝国は膨張するイギリス東インド会社に押される一方で、徐々に支配地域を狭められていった。一九世紀前半にはインド中部のマラーター同盟や北部のシク王国もイギリスとの戦いに敗れ、東インド会社の支配下に入ることとなった。一八五七年には、デリーでシパーヒー（インド兵）による大規模な反乱が発生したが、イギリスはこれを武力で鎮圧した。このインド大反乱を契機に、イギリスはインドを直接統治する方針に切り替え、翌一八五八年には完全に植民地化した。英領インドの成立である（「インド帝国」を創設し、イギリス国王が皇帝を兼任するという形式がとられた）。

ムガル帝国は滅亡し、最後の皇帝、バハードゥル・シャー二世はビルマ（現ミャンマー）

に追放された。マハートマ・ガンディーらによる独立運動や二度の世界大戦を経て、インドが独立するのは約九〇年後の一九四七年のことである。

そしてイギリス人が「カレー」を作った

政治史の話が長くなってしまったが、ここからは食の話題に戻ろう。

インド支配に伴い、多数のイギリス人がやってきた。彼らの中には現地でインド人女性と結婚する者もいて、その子どもは「アングロ・インディアン」と呼ばれた。こうした家族の生活はイギリスよりも現地に近く、食事もインドの要素を多く取り入れたものになった。コリーン・テイラー・セン氏が『カレーの歴史』で、初期のカレーを「アングロ・インディアン・カレー」と呼んでいるのはこのためだ。

この「カレー（curry）」だが、「はじめに」でも触れたように、もともとインドにあった言葉ではなかった。野菜や肉を炒めた料理を表す「kari」あるいは「karil」といった語をもとに、ポルトガル人が多種類のスパイスを用いたインドの煮込み料理を「カリー」あるいは「カリル」と呼んだ。さらにイギリス人もこれを採用し、「カレー（curry）」と綴られるようになったという。そして彼らは帰国すると、本国でもこのカレーを広めていったのである。

このカレーはライスにかけて食べるものとされた。日本にも伝わったカレーライスの原型と言える。カレーの語源はタミル語、マラヤラム語、カンナダ語と、いずれも南インド諸語の単語にあった。これらの地域は、粉食の北インドとは異なり、米食が主である。「kari」や「karil」がポルトガル人やイギリス人に伝わっていく過程で、ライスとセットで食べるものという認識も付随していったのではないだろうか。これがもし北インド由来だったら、カレーはパンと一緒に食べるほうがスタンダードになっていたのではないかと筆者は思っている。

イギリス人は、カレーをさらに手軽に作れるようにと、本国でもうひとつ発明をした。「カレー粉」である。カレーを作るたびに、何種類ものスパイスを調合するのは面倒だ。ならば最初から混ぜ合わせたものを用意しておけばよいし、そうすれば味にばらつきもないだろうということで考案されたのである。すでに一八世紀後半の時点で、開発・販売を手がけたクロス・アンド・ブラックウェル社の頭文字を取って「C&Bカレーパウダー」と名付けられたカレー粉が販売されている。これはイギリスで大ヒット商品となり、家庭でも広くカレーが食されることとなった。ある意味、「カレー」はインド料理というよりは、イギリス料理と言ったほうが適切なのかもしれない。さらに言えば、このカレー粉があったからこそ、日本を含め世界各地にカレーが広まっていったのである。

インド発祥のイギリス料理といえば、チキンティッカ・マサラを外すわけにはいかない。

名前からしても、いかにもインド料理のような感じがするが、どのような一品なのか。鶏肉をヨーグルトやスパイスでマリネし、タンドゥールと呼ばれる窯《かま》で焼いたものを、チキンティッカと呼ぶ。これはれっきとしたインド料理だ（第二章参照）。一九六〇年代にイギリスのインド料理店で、このチキンティッカを出したところ、注文した客はこんなパサパサしたものは食べられないと突き返してきた。そこで、店のシェフはトマトスープ缶とクリーム、それにスパイスを混ぜたソースを作り、チキンティッカにかけてもう一度出したのだという（マサラとは、各種のスパイスを調合した混合香辛料のこと）。これが人気を博し、イギリスで広く食べられるようになっていった。二〇〇一年、当時のロビン・クック外相はスピーチで、こう語っている。

「いまやチキンティッカ・マサラはまちがいなくイギリスの国民的料理になっています。それはもっとも普及しているというだけでなく、イギリスが外からの影響を吸収し、かつ適応していくさまを絶妙に示すものだからなのです。チキンティッカはインド料理です。マサラソースが加えられたのは、その肉をグレーヴィーと一緒に食べたいというイギリス人の要望に応えるためでした」

イギリスで生まれたチキンティッカ・マサラ
（出典：Wikimedia Commons/Lance Vanlewen）

このように、チキンティッカ・マサラはまさにイギリスとインドのハイブリッド料理として愛されるようになったのだった。ただ、その後状況に変化が出ているようだ。クックのスピーチから一一年後、イギリス人が好む料理についての調査を行ったところ、一位になったのは中華野菜焼きそば（チャイニーズ・スター・フライ）だった。イギリス人の五人に一人がこの料理を週に最低一回は食べるのだという。料理のシーンでも、中国の存在感が増していることがうかがえる。

イギリス以外の西洋の食文化もインドにもたらされていった。ゴアはポルトガルの拠点となったことで、イエズス会による教会やポルトガル風の建築が広がっていった。ちなみに、日本にキリスト教をもたらしたフランシスコ・ザビエルの遺体も、実はゴアの教会に安置されている。料理もインドの他の地方とは一風異なっている。ゴア料理を代表するポーク・ヴィンダルーは、ワインビネガーとにんにくでマリネした豚肉を煮込んだものだ（ゴア以外では豚肉の代わりにチキンやマトンが使われることもある。なお、インドで「マトン」と言うと羊肉ではなくヤギ肉のことが多い）。また、フランスの植民地となったポンディシェリ（現プドゥチェリー）では、インドでは食べられる場所が限られる牛肉を提供するレストランがいくつもある。筆者も現地を訪ねた際、レストランで牛肉のステーキを食べたことがあるが、インドでそれを食べることに不思議な感覚を覚えたものだった。

　このように、インド料理は四〇〇〇年以上に及ぶ遠大な歴史の中で形成されてきた。中央アジアや西アジア、さらには海の彼方の中南米やイギリスからも影響を受けてできた産物なのである。そしてまた、インド発祥の料理やスパイスは他の地域にも伝播していった。料理は歴史の生き証人なのである。その一方で、浄・不浄に対する捉え方のように、今日に至るまで続いている観念もある。ある意味、現代においてインド料理を食べるということは、複雑なプロセスを経て、長い長い時間をかけて「煮込まれて」きた料理を味わうということなのかもしれない。

〈コラム〉 紅茶とインド

イギリスが植民地統治を通じてインドに持ち込んだものは数多くあるが、飲食に関するものの中でもっとも重要なのは紅茶ではないだろうか。

広く知られているように、茶葉の栽培は中国で古代から行われてきた。正確な時期の特定は困難で、地域によっても異なるが、前漢の時代、つまりいまから二〇〇〇年以上前には喫茶の文化があったことが文献から確認されている。唐の時代になると、陸羽によって茶文化が体系化されたほか、それまで高級品だった茶が庶民のあいだにも広まるようになった。

茶葉は栽培後の工程によってさまざまな種類に分類される。中国や日本で一般的な緑茶は収穫後すぐに蒸す、または釜煎りすることで酵素反応が起こらないようにするのに対し、紅茶の場合は、茶葉を揉み込むことで発酵させてから乾燥する。なお、烏龍茶も酵素反応の工程を経るが、途中で火を入れて発酵を止めることで作る半発酵茶である。

茶は中国人だけでなく、西洋の人びとをも魅了した。イギリスは東インド会社を通じて清朝と交易をしていたが、その中で茶はとくに重要な輸入品だった。問題は、茶の輸入が増えれば増えるほど、代金支払のために銀が清に流出していくことだった。そこでイギリスは、自国の毛織物を植民地支配下のインドのベンガル地方で生産されるアヘンを清に輸出し、清からは茶を輸入するという三角貿易を行うことで問題の解消を試みた。しかし清ではアヘンの蔓延によって中毒患者が急増したため、同国はアヘンを禁止し、欽差大臣（今日で言う特命相）の林則徐が在庫を焼却処分にする。結果これがイギリスの怒りを買い、一八四〇年のアヘン戦争を引き起こしたのである。結果はイギリスの圧勝だった。

イギリスは清から茶を輸入するだけでは飽き足らず、安定供給のために自前で生産することを考えた。産地として選ばれたのはアッサムだった。一八二三年、当時はビルマ（現ミャンマー）が支配していたアッサムの奥地で、ロバート・ブルースというイギリス人が茶の木を発見していたからである。アヘン戦争が起こる前の一八三〇年代の時点で、すでにアッサムで最初の茶園が設立された。茶園はアッサム以外にも、ヒマラヤ山脈に近いダージリン、それに南部のニルギリにも作られていき、インドの一大産業となった。さらには「セイロンティー」として知られているように、現在のスリランカでも茶の栽培が展開された。

ここで考えておきたいのが、茶の栽培に当たった労働者の存在である。茶葉の手摘みには大量の労働力がいる。イギリスは一八三三年に自国の植民地で奴隷制を廃止していたため、出稼ぎ労働者が採用されたが、労働環境はきわめて劣悪だった。BBCが二〇一五年にウェブサイトに掲載した記事では、今日でも一部のイギリス資本の茶葉メーカーによる茶園では、労働者が厳しい環境のもとで働くことを余儀なくされているという実態が多数の写真とともに報告されている。この報道がきっかけとなって、ウィリアム王子（現皇太子）夫妻が二〇一六年にインドに行った際、茶園への訪問が見送られたという。もちろんこれはすべての茶園に当てはまるわけではなく、日系のある茶園のように、フェアトレード認証を取得してエシカルな生産に努めているところもあることは付言しておきたい。

生産される茶葉については、品質が優れたものはイギリスをはじめ西洋に輸出された。インドに残ったのは、「くず茶」と呼ばれる、グレードが低く葉が細かい茶葉だった（もちろん今日では高級茶葉も手に入るし、インド土産の定番となっている）。これをミルクで煮出して、砂糖とスパイスを加えて作るのがマサラチャイである。インド人にとって欠かせないこの飲み物については、第四章で取り上げる。

第二章
インド料理の「誤解」を解こう

「バターチキンとナン」を日本で初めて食べるインド人

この十数年で、日本では都市部を中心にインド料理店が急増した。ターミナル駅なら一つや二つではないし、郊外の駅前にも一店舗はあるのが当たり前の光景になった。インドの国旗を掲げた店の前に出された看板には、メニューが写真入りで紹介されている。

こうした店のランチでよくあるのは、「Aセット　バターチキン、ナンかライス、サラダ」「Bセット　キーマカレー、ナンかライス、サラダ」といったセットメニューだ。カレーのリストから二種類、三種類をチョイスするスタイルもよく見かける。ナンをちぎって濃厚でクリーミーなカレーにつけて食べ進めていく。サラダは千切りにしたキャベツやニンジンに、「謎ドレッシング」とも呼ばれる、オレンジ色のドレッシングがかけられていることが多い。ドリンクはラッシーや食後のチャイだろう。

インドでも現地の人びとは同じようなセットで食事をしていると思うかもしれない――ライスを手で食べるかどうかの違いはあるにせよ。だが、必ずしもそうではないのだ。日本に来て初めてバターチキンとナンを食べたというインド人も、一人や二人ではない。では、あれは何なのか。

バターチキンやキーマカレーをはじめとして日本の一般的なインド料理店で供されている料理の多くは北インドのもので、しかも外食としてのメニューなのだ。後で取り上げるように、インド料理といっても北インドの料理は南インドとは大きく異なるし、ベンガル地方を中心とする東部ともやはり違う。それにインドではベジタリアンが多く、彼ら彼女らはそもそも肉を食べない。主食についても、パン系だけでもバリエーション豊富だし、ライスの味わい方もさまざまだ。この章では、「定番」とされるインド料理がどうやって出来ていったのか、現地ではどのような位置づけなのか、そして北以外の地方にはどのような料理があるのかを見ていくことにしよう。

タンドーリ・チキンとバターチキンを「発明」したレストラン

インド料理にさまざまなバリエーションがあることはわかる。ではバターチキンは少なくとも北インドの伝統料理であることは間違いないかというと、そうでもない。実はインド料理を代表するこの一品、比較的近年に考案されたものなのだ。時を遡ることおよそ七〇年、首都デリーのレストラン「モーティー・マハル」で登場したのが最初とされている。

濃厚なグレーヴィーとチキンの相性が最高のバターチキン。
これはインドの「ダリヤーガンジ」のもの

店主のクンダン・ラール・グジュラール、クンダン・ラール・ジャッギ、タークル・ダスの三人は、元々英領インド・北西辺境州（現在はパキスタンのハイバル・パフトゥンハー州）の州都ペシャワールで食堂を経営していた。転機が訪れたのは、一九四七年八月のことだった。イギリスによる植民地支配が終わりを告げたのである。インド人にとって悲願の独立が実現したわけだが、これは大きな痛みをもたらすことになった。多数派のヒンドゥー教徒による支配を嫌ってイスラム教徒がパキスタンという別の国家をインドから分離するかたちで建国した。これに伴って、インドのイスラム教徒の多くはパキスタンへ、逆にパキスタンのヒンドゥー教徒の多くはインドへと、大規模な移動が起きた。この流れのなかで、グジュラールたちもペシャワールを離れ、デリーへとたどり着いた。

分離独立間もない時期のデリーはパキスタン側から流入したパンジャーブ人であふれかえっていた。その中から、飲食業で生計を立てていこうとする人びとが出てくる。グジュラールたちがデリーでモーティー・マハルを再開したのは、当然の成り行きだった。彼らが店を構えたのは、オールド・デリーのダリヤーガンジ。書店や出版社が多く軒を連ねる、「デリーの神保町」のようなエリアだ。

モーティー・マハルによるバターチキンの「発明」について説明するには、その前に、インド料理のもうひとつの定番料理であるタンドーリ・チキンから始める必要がある。

タンドーリ・チキンといえば、ヨーグルトとスパイスに漬け込んだ鶏肉を「タンドール」と呼ばれる窯で焼いた一品だ。焼き上がりは鮮やかな赤みがかったオレンジ色で、視覚を刺激する。インドではこれに紫玉ねぎのスライスと半分にカットしたライムが付け合わせになっていることが多い。日本ではかつてモスバーガーが「タンドリーチキンバーガー」を、ロッテリアが「タンドリーチキンサンド」を期間限定メニューとして出していたことがあるように、インド料理の枠を超えた知名度を誇っている。

このタンドーリ・チキンもまた、モーティー・マハルが考案したものだった。グジュラールたちがまだペシャワールにいた頃、それまでチャパーティーやナーン（ナン）を焼くための窯だったタンドールでマリネした鶏肉を焼いたのが始まりだとされる。これがデリー時代になってからも看板メニューでありつづけた。インド初代首相のジャワーハルラール・ネルーもタンドーリ・チキンが好物で、公式晩餐会の定番メニューに入れさせたという逸話があるほどだ。

だが、タンドーリ・チキンも、日によって余りが出てくる。冷蔵設備も整っていなかった当時のこと、残った肉は水分を失い、パサついていく。そこでグジュラールたちは「フードロス」回避のために一案を講じた。トマトやバターでグレーヴィー（ソース）を作り、そこにチキンを混ぜ合わせることでジューシーさを復活させよう、と。「バターチキン」と名付けられたその料理は次の日に店で供され、好評を博した——。

こうして誕生したバターチキンは、モーティー・マハルの看板メニューになっていった。それは二〇二〇年代の今日でも変わりがない。だがその一方で、七〇年以上の歴史の中でさまざまな微調整も行われてきた。それをわかりやすく説明してあったのが、モーティー・マハルの系列店「ダリヤーガンジ」のメニューだ。

デリーのインディラ・ガンディー国際空港から車で一〇分ほど行くと、エアロシティというショッピングモールや高級ホテルが集まる商業エリアがある。オフィスビルもあり、日本の商社もここに事務所を構えている。そのレストラン街にあるダリヤーガンジで食事をしたときのことだ。バターチキンを頼もうとしたら、「オリジナル1947バターチキン」と「現在のバターチキン」の二種類がある。何が違うのかと思ってメニューをよく見ると、対比表が示されていた。それによると、オリジナル版はグレーヴィーが濃かったが、まろやかさを出すにあたってクリームは使わず、フレッシュバターだけを用いていたという。これに対し現在版は、グレーヴィーが滑らかなのが特徴で、クリーミーに仕上がっているという。さらに、チキンもオリジナルは骨付きだったのが今ではボンレスという違いもある。それならばとオリジナル版をオーダーしてみたら、たしかによくあるバターチキンよりもグレーヴィーがしっかりしていて、どこか武骨な感じがしたものだ。どちらを美味しく感じるかは好みの問題だろうが、七〇年の中で生じた変化は、一地方料理からメジャーな存在になる過程で「食べやすさ」と「洗練さ」を追求した結果なのだろう。

モーティー・マハルのもうひとつの発明

モーティー・マハルの「発明」はまだある。「ダール・マカーニー」という料理だ。バターやクリームを使った濃厚なソースで豆を煮込んだ料理で、バターチキンのベジタリアン版と言えるだろう。これまた、どこのインド料理店でもメニューに載っている「定番中の定番」の一品だ。

インドにそれまで豆料理がなかったわけではない。むしろ、豆はインド料理に欠かせない存在だった。人口の多さゆえにインドは多くの分野で「世界一」を誇るが、ひよこ豆やレンズ豆、いんげんを含む豆類全体の生産量も、二位のミャンマーに大きく差をつけて世界一位である。ただ、ダール・マカーニーの場合、使用される「豆」に特徴がある。「ダール」とは挽き割り豆のことで、その豆を使った煮込み料理の意味もある。豆は「ウラド豆」と呼ばれる、いわゆる黒豆が使われている。ところが、黒豆はパンジャーブ料理では一般的であるのに対し、他の地域ではなじみが薄かったらしい。インドの著名なジャーナリストで、食についても多くの著作があるヴィール・サングヴィ氏は、自分が小さい頃に知っていた「ダール」といえば黄色い豆のことで、一九六〇年代から七〇年代ごろのボンベイ（現在のムンバイ）のレストランでは、黒豆を見た記憶はないと書いている。それがインドを代表する料理のひとつになったのは、やはりモーティー・マハルの功績ということになる。

　ダール・マカーニーとの関係では、もうひとつのレストランに触れないわけにはいかない。デリーの高級ホテル、ＩＴＣモーリヤに入っている「ブカラ」である。ウズベキスタンの都市の名前を店名に使っているのは、扱うのが中央アジアとのつながりが強いインド北西部（現在のパキスタンを含む）の料理だからだ。創業は一九七七年と、モーティー・マハルよりは遅めだが、ここも「ダール・ブカラ」という、ダール・マカーニーに相当する一品が看板メニューになっている（ちなみにもうひとつ有名なのは、座布団サイズの巨大ナーンだ）。

　このブカラ、デリーを訪問するアメリカの政治家がよく訪れることでも知られている。ビル・クリントン大統領が二〇〇〇年の訪印時にここで食事をとり、そのときのメニューが「クリントン・プラッター」として伝えられている（プラッターは「大皿」のことだが、ここでは「特別セットメニュー」の意）。妻のヒラリー・クリントンも、国務長官時代の二〇〇九年にデリーを訪れた際、ブカラで内輪の食事をした。ちょうどこのとき筆者はデリーの日本大使館で仕事をしていたので、ビルにつづき「ヒラリー・プラッター」ができたとインドメディアが盛り上がっていたのを覚えている。二つのプラッターには、いずれも「ダール

・ブカラ」が入っている。なお、ドナルド・トランプ大統領も二〇二〇年二月下旬の訪印時にＩＴＣモーリヤに宿泊し――ホテル全室がアメリカ代表団の貸切になったという――、メラニア夫人ら同行の家族とブカラでの食事を楽しんだと伝えられている。

モーティィー・マハルに話を戻そう。インドとパキスタンの分離独立は多くの悲劇を生んだ。両国はカシミール地方の帰属などをめぐり、これまでに大規模なものだけでも三回にわたり戦火を交えてきた。印パの緊張状態は、いまでもつづいている。ただ、分離独立がなかったら、ペシャワールの小さな食堂だったモーティィー・マハルがデリーに移ることもなかっただろうし、その後世界に広まるインド料理も、ずいぶん違ったものになっていたのではないだろうか。

モーティィー・マハルは現在、インド国内では首都デリーやウッタル・プラデーシュ州など北部を中心に数十店舗を構えているほか、ニューヨークやスリランカのコロンボなどで海外展開もしている。別系統の「モーティィー・マハル・デラックス」も、インド国内のほか、アラブ首長国連邦（ＵＡＥ）のドバイやバーレーンに出店している。なお、日本にも「モーティィー・マハル」という名のインド料理店がいくつもあるが、いずれも「本家」とは無関係のようだ。

インド人にとってナーンとは

では、ナーン（ナン）はどうだろうか。インド料理の主食といえば何をおいてもまずはナーン、というイメージは根強い。ステンレスの丸プレートからはみ出すほどのサイズのナーンは存在感満点。プレーンなナーンはもちろん、中にチーズを入れたチーズナーンやガーリックナーンなど、バラエティも豊富だ。近年、日本のスーパーマーケットでも「ナンミックス」という粉が売られるようになり、家庭でもオーブンやフライパンで調理することができるようになった。筆者も実際にこのミックスを使ってナーンを作ってみたことがある。ふっくらした感じを出すところまではいかなかったが、なかなかの味わいだった。

もちろんインドにナーンはある。ただ、家庭で日常的に食されるというよりは、特別な日のごちそう、といった感が強い。形状も、日本のインド料理店で出される楽器の琵琶《びわ》のようなものだけでなく、丸型のナンが何枚か重ねられた状態で出てくることもよくある。

実は、ナーンはインド発祥ではない。起源はイランというのが定説で、そこから中東や中央アジア、南アジアに広がっていったようだ。ちなみに筆者は学生時代に中国の新疆ウイグル自治区を旅したことがあるが、トルファンやカシュガルで地元のパンを食べたことがある。そのころは日本でインド料理は一般的ではなかったし、自分自身もまだインドに行ったことがなかったので、そうとは認識していなかったが、いまから思えばあれはナーンの一種だったはずだ。中国から見れば最西部に位置する新疆も、ナーンの伝播という観点で見れば東端に位置している。

この「ナーン文化圏」、南アジアではアフガニスタン、パキスタン、インドに及んでいる。ただインドの場合は北部までで、国全体がこの文化圏に含まれているというわけではない。南インドではライスがメインで、地元料理としてナーンが出されることはない。北インドと南インドは民族や言語、文化などさまざまな点で異なるが、粉食か米食かという違いも大きい。ちなみに、先述したデリーの「ブカラ」では、ライスは一切出さないことを明確にしている。

インド人にとっての「ライフライン」

インドでは、小麦粉で作るパン全般のことを「ローティー」と呼ぶ。ではインド人にとってナーン以上にポピュラーなローティーは何かというと、それはチャパーティー（チャパティ）だ。以下、両者の違いを材料と作り方を中心に見ていこう。

ナーンの場合は精製した小麦粉を水でこね、酵母を入れて発酵させる。ヨーグルトや油を混ぜることもある。これに対し、チャパーティーに使われるのは「アーター」と呼ばれる全粒粉で、水でこねた後は生地を短時間置いておくだけで発酵はさせない。焼く段階でも大きな違いがある。ナーンはタンドール窯の内壁に生地を貼り付けて焼く。こうした窯を持つ一般家庭はそう多くなく、ナーンが家で食されない理由にもなっている。その点、チャパーティーは手軽に焼くことができる。タワーと呼ばれる平らな円形の鉄板がありさえすればよい。それがなければフライパンでも代用可能だ。これならタンドールのような大きな窯は必要なく、ガスコンロがあれば十分。

発酵によってふんわりした焼き上がりのナーンに比べると、チャパーティーは薄く、やや地味な印象を受ける。しかし、全粒粉だけあって栄養は申し分ないし、さまざまな煮込み料理との相性もいい。お弁当の主食も、やはりナーンではなくチャパーティーだ。

筆者はデリーに住んでいた二〇〇八年当時、街の外れで開かれていたマンゴー販促イベント会場の一角で売られていたチャパーティー焼き器が目に留まったときのことをいまでも覚えている。電熱式なので、ガスコンロやタワーがなくても手軽にチャパーティーが焼けますよ、というわけだ。その製品には、大きな文字でこう書かれていた。「ＬＩＦＥ ＬＩＮＥ」。たしかに（北部の）インド人にとって、チャパーティーはなくてはならないもの。まさにライフラインと呼ぶにふさわしい……と実感したものだ。

ところで、チャパーティー系列で忘れてはならないものがひとつある。「プーリー」という、フカフカした揚げパンをご存じだろうか。その原料はチャパーティーと同じアーターを

デリーで見つけたチャパーティー焼き器

水でこねたもので、その生地を焼かずに油で揚げるとプーリーになる。また、小ぶりかつ球形にしてしっかりと揚げたものにスパイシーなスープを注いで一口で食べる方法もある。これは「パーニープーリー」あるいは「ゴルガッパ」と呼ばれ、インドのストリートフードでも人気の一品だ。レストランで前菜として出されることもある。

米が大活躍する南インド料理

　粉食の北インドから南インドに行くと、食文化が大きく変わることに気づかされる。南インドとは、地理的にはデカン高原が中心にあり、西ガーツ山脈と東ガーツ山脈に囲まれた、逆三角形のエリアだ。現在のインドの州区分では、アーンドラ・プラデーシュ、テラ

市場ではさまざまな種類の米が売られている

ンガーナ、カルナータカ、ケーララ、タミル・ナードゥ、ゴアの六州を指す。各州でもそれぞれ興味深い特徴があるが、共通しているのは主食がライスという点だ。モンスーンによる雨季を除けば乾燥しがちな北インドに対し、南インドは降水量が多く、稲作に適していることが背景にある（ただし北部でも、灌漑設備が整っているパンジャーブ州では稲作が行われている）。南部とは別に、ミャンマーと国境を接するマニプル州やナガランド州など北東部も米文化圏だ。

インドは米の生産量（二〇一九年）で中国に次いで世界第二位で、「コメ大国」でもある。他にもバングラデシュが第四位、パキスタンが第九位と、南アジア三国の存在感は非常に大きい。どのような品種かというと、日本で一般的なジャポニカ米とは異なり、粘り気が少なく、粒の長いインディカ米が栽培されている。このうち、バスマティ（バースマティー）米は芳醇な香りを漂わせる高級米で、後述するビリヤニにもよく使われる。

精米をシンプルに炊いたライスは、南インドの煮込み料理との相性が抜群。南インドの場合、バターチキンに代表される濃厚なソースではなく、水分が多く、さっぱりとしたタイプの煮込み料理が多い。サンバルは豆や野菜をさらさらとしたソースで煮込んだ料理で、マイルドな辛さのため、食べやすい。ラッサムと呼ばれる料理に至っては、ソースというよりスープと呼んだ方が適切なくらいだ。逆に、ポリヤルという南インド版野菜炒めは、汁気がない。キャベツやニンジン、いんげんなどさまざまな野菜をココナッツとともに炒める。スパイスも、クミンやターメリック、チリパウダー、マスタード、コリアンダーなど多くの種類が用いられる。

こうした料理を丸いステンレスの器にそれぞれよそい、ライスと一緒に食べるのが「ミールス」という定食だ（北インドでこれに相当するのが「ターリー」）。店では大きなステンレスのプレートを使うが、バナナリーフを敷く場合もある。数種類のおかずのおかげで、ご飯がどんどん進む。店にもよるが、ライスは食べ放題のところが多い。おかわり自由というより、プレートが空になると、ライスのボウルを手にした店員がやってきて、たっぷりと盛り付けてくれる。「チャツネ」と呼ばれるペーストや「アチャール」という漬物も付いており、「味変」でさらにご飯が進む。かなり量を食べても胃にもたれる感じがあまりしないのは、さっぱりした長粒米だからだろう。ライスについては、「レモンライス」もおすすめだ。ご飯にレモンというと少し違和感を覚えるかもしれない。しかし、レモン果汁を加えて炊き込んだライスは、南インド料理にはよく合う。

南インド料理の中のライスは、炊くだけにとどまらず、さまざまなかたちで活用されている。「ティファン」と呼ばれる南インドの朝食でもよく出されるメニューのひとつに、イドリーがある。これは米粉から作る蒸しパンで、ふわふわとした食感と軽い酸味がクセになる。家庭でも手軽に作れるイドリーミックスが市販されていることからも、南インドの食卓になくてはならない一品であることがわかるだろう。

イドリーの話を書いたついでに、ワダにも触れておこう。こちらはティファンだけでなく、昼や夜でも食べることができる。原料は米粉ではなく、豆粉。水で溶いて生地を作り、ドーナツのように成形して油で揚げるのだが、味のほうはドーナツとは真逆で、スパイシーだ。パッドゥ（パニヤラムとも呼ばれる）という球形の揚げ物も人気で、外見は日本のたこ焼きにそっくりなのだが、たこは入っていない。ワダもパッドゥも、夕食時なら、ビールのおつまみにも最適ではないかと思う。

南インド定番料理のひとつ、ワダ

南インドの定番料理のひとつ、ドーサというクレープでも実は米が使われている。吸水させた米と豆をすりつぶし、発酵させてから鉄板の上で円形にして焼いたものだ。注目すべきはその大きさで、ナーンを凌ぐサイズのドーサも少なくない。筒のように巻かれ、プレートからはみ出した状態でサーブされると、果たして完食できるだろうかと不安になるくらいだ。しかし、ドーサの美味しさは不安を吹き飛ばしてくれる。

インド版たこ焼き（ただしたこは入っていない）、パッドゥ

サンバルやココナッツのチャツネにつけて食べるのが一般的なのだが、パリッとした食感とクレープ状のもちもち感のバランスが絶妙で、ぺろりと平らげてしまう。スパイスで炒めたジャガイモが入っているマサラ・ドーサをはじめ、バリエーションも豊富だ。

世界三大炊き込みご飯のひとつ？――豊穣なるビリヤニの世界

米の話をもう少し続けよう。「北インドは粉食、南インドは米食」と記したが、実は重要な例外がある。ビリヤニ（ビリヤーニー）と呼ばれる炊き込みご飯が、インドやパキスタンはじめ南アジア各地で食べられる。日本では「松茸ごはん、スペインのパエリアと並ぶ『世界三大炊き込みご飯』のひとつ」と言われることもあり、日本のインド料理店でもビリヤニを出す店が増えているので、知名度も高くなっている。個人的には、カレーとして総称される料理と並んでインドを代表する料理だと感じている。

ビリヤニは、香り高く、細長いバスマティ米を何種類ものスパイスと肉（チキンかマトンの場合が多い。地域によっては魚が使われることもある）や野菜と一緒にして、専用の大きな丸い鍋にふたをして炊くのが基本だ（この調理法を「ダム」と呼ぶ）。庶民的な店ではセーラ米と呼ばれる、バスマティ米よりもさらに粒の長いタイプの米が使われることも多い。食べるときにはヨーグルトをかけるのが定番だ。米料理にヨーグルトというと違和感があるかもしれないが、「ライタ」と呼ばれるさらりとしたヨーグルトで、酸味が加わることで「味変」を楽しむことができる。

調理法は主に二つある。ひとつは「カッチ式」と呼ばれるものだ。「カッチ」は「生」という意味で、その名のとおり肉をマリネした状態で鍋の底に敷き、その上に半茹で（「湯取り法」と呼ばれる）の米をのせて炊き上げる。もうひとつは「パッキ式」で、こちらは「調理済み」を意味する。グレーヴィーを作るところまでしてから、それを鍋底に敷いて半茹での米を重ねて炊き上げる。ビリヤニの特徴のひとつは、炊き上がった米が白い部分もあれば色が付いているところもあるなどグラデーションになっている点で、微妙な味の違いを楽しむことができる。これは、下にグレーヴィーを敷いてから米を入れて層にするという調理法だからこそ可能になるものだ。このほかに、米を半茹でにせず生の状態からグレーヴィーと一緒に炊き上げる方式もあり、「ヒンドゥー式」と呼ばれている。プラオの調理法もこれに似ている。

　第一章で記したように、このビリヤニ、源流はペルシアのプラオとされる。これが西に伝わり、スペインのパエリアやイタリアのリゾット、トルコのピラウになった。東では、インドやアフガニスタン、中央アジアへと伝わっていった。筆者が初めてインドでビリヤニを食べたときに思い出したのは、中国・新疆ウイグル自治区で食べた「ポロ」だった。ニンジンやマトンが入っている、インディカ米を使った炊き込みご飯だ。ポロもビリヤニも、プラオという共通の料理をルーツに持つ従兄弟《いとこ》同士と考えれば、筆者の感想も的外れではなかったと言える。

　ムガル帝国の宮廷にプラオが伝わり、ビリヤニに進化した。それを食べて感激したであろうインド各地の藩王国の人間がそれぞれの本拠地に持ち帰り、各地のスパイスや食材と合わさったことで、地方ごとに特色豊かなビリヤニができていった。

ビリヤニの中でもっとも有名なのは、インド南部ハイデラバードのものだ。カッチ式の代表格でもある。ここのビリヤニが味に磨きをかけられていったのはハイデラバード藩王国の宮廷で、とくに最後のニザーム（藩王）となったウスマーン・アリー・ハーン治下の二〇世紀前半に、デカン地方やテランガーナ地方（かつてアーンドラ・プラデーシュ州の一部で、二〇一四年に分離して別の州になった）の味が加わることで今日の「ハイデラバード・ビリヤニ」が形成されたという。

数あるビリヤニの中でも、コルカタ・ビリヤニは一風変わった存在だ。具材がチキンだけでなく、ゆで卵、さらにはジャガイモが入っているのである。これには興味深い歴史的背景がある。アワド藩王国（今日のウッタル・プラデーシュ州の東部）のナワーブ（太守）、ワジド・アリー・シャーは、一八五六年にイギリスによって首府ラクナウから追放された。ナワーブは移住先のカルカッタ郊外でラクナウでの生活を再現しようとしたがこのときすでに没落しており、資金不足に陥っていた。十分な量の肉を買えないなかでお抱えの料理人が苦肉の策としてやったのが、ゆで卵とジャガイモを加えてボリュームを増すことで、これがコルカタ・ビリヤニになったというのだ。

ビリヤニとプラオの違い

筆者が食べたなかで印象に残っているビリヤニは、モラダバードのものだ。モラダバードは首都デリーから東に約一五〇km離れた場所に位置する、ウッタル・プラデーシュ州の街だ。ここのビリヤニが特徴的だという話を事前に聞いて興味を持っていたが、現地に行くまでの余裕はなかった。しかし、デリーのニザムッディーンというムスリムが多い地区でモラダバード・ビリヤニを出す店があると聞き、元同僚の友人とともに足を運んだ。お目当ての人気店は見つからなかったのだが、ビリヤニを出す店がいくつも軒を連ねているエリアがあった。客の入りが良い店に入り、チキンビリヤニを注文してみた。

店頭の鍋から皿に盛り付けられたビリヤニを口に運ぶと、これまで食べたビリヤニと何かが違う。食べ進めながら感じたのは、チキンのうまみが米にしっかり染み込んでいるということだった。その後調べてみるとやはりそうで、スパイスと肉を煮込んでできた「ヤックニー」と呼ばれる出汁を作り、そこに生米を入れて炊き上げるという調理法だった。ムスリムが多いエリアながら、ヒンドゥー式に近いのではと感じた。このときはチキンだったが、マトンの場合でも出汁がきいてきっと絶妙な美味しさに仕上がっているはずだ。また食べてみたいビリヤニのひとつである。

ペルシアからプラオがインドにもたらされ、それが進化してビリヤニになった。では、プ

デリー市内のモラダバード・ビリヤニ店

ラオとビリヤニは同じなのか、別物とすればどう違うのか。この話題は、ビリヤニ好きの間でもしばしば持ち上がる。これは両者の区別だけにとどまらず、「ビリヤニとは何ぞや」という問いでもある。

大きな違いは調理法で、ビリヤニがグレーヴィーと米を分けて層にするのに対し、プラオは肉とスパイスのだし汁を使って生米から炊き上げる。また、ビリヤニのほうがプラオよりも使うスパイスの種類も量も多いこともよく指摘される。とくに、ビリヤニにはサフランを使うの

ムンバイ市内のパールスィー（ゾロアスター教）
料理店で食べたプラオ

が必須とされる。位置づけという点では、ビリヤニのほうが「ごちそう」と見なされている。ただ実際には両者の境界線はあいまいで、「インド人がこれはビリヤニだと言えばビリヤニだ」という身も蓋もない結論に落ち着きがちでもある。

ところで、インドでは新米よりも古米が好まれ、値段も高いという特徴がある。バスマティ米は香りが特徴だが、それは精米した後に貯蔵し、時間をかけて熟成したことでもたらされる。

毎年秋になると「新米」のシールが貼られて売られる日本とは対照的だ。

甘い料理、そして辛くなくヘルシーな家庭料理

インド料理は辛い。辛さあってこそのインド料理――そういうイメージは根強くある。たしかにチリパウダーや黒コショウ、青唐辛子をはじめとするスパイスは辛みの源泉になる。

だが、辛さではなく甘さが特徴のインド料理もある。代表格はインド西部、グジャラート州の料理だ。「甘い」というよりも、「甘酸っぱい」と言ったほうがより正確で、それを意味する「カッティミーティ」はグジャラート料理を形容する際の定番表現になっている。いずれにしても辛くはないのである。また、グジャラートはベジタリアンが多いため、肉料理は少ない（「バーガーシン」というインドのハンバーガーチェーンには、グジャラート限定のベジオンリーのメニューがあるほど）。グジャラート料理といってもさまざまなバリエーションがあり、大別すると五種類あるという。

一度でそれぞれの特徴を楽しむことができるのが、「グジャラート・ターリー（定食）」だ。

二〇一七年九月、安倍晋三首相（当時）がインド新幹線の着工式出席やモディ首相との日印首脳会談のためグジャラート州の最大都市アーメダバードを訪問したことがあった。このとき両首脳が参加した夕食会が開かれたのが、市内のヘリテージホテルにあるグジャラート料

理店「アガシエ（Agashiye）」だった。ここで安倍首相はグジャラート・ターリーを食べたようだ。また、モディ首相はグジャラート州出身で、事前の報道では好物の地元料理「ハンドヴォー」を振る舞うのではないかとも報じられていた。ハンドヴォーとは、米粉や豆粉の生地と野菜やパニール、チーズで作られるケーキで、グジャラートの代表的な料理のひとつだ。グジャラート料理、しかもケーキというと甘そうだが、マスタードシードなどのスパイスも使うため、深みのある味になる。

もうひとつの「辛くないインド料理」は、家庭料理だ。刺激の強いスパイスは控えめで、店で食べるよりもぐっとマイルドな味わいなのだ。筆者はかつて、戦前に日本で生まれ育ち一七歳で独立闘争に身を投じたインド人女性をテーマにした本の取材をしていたことがある。名前はアシャといい、神戸や東京で学校に通っていたころに呼ばれるようになった「朝子」という日本名を大切にしていた。筆者が彼女にインタビューを何度もした頃はすでに八〇代後半だったが、流暢な日本語で戦前や戦中のことを語ってくれたものだった。

話が一段落すると、食事もご一緒させてもらうことが多かった。そこで出されるのは、まさにインド家庭料理。煮込み料理は基本的に野菜で、あとは卵があるくらいで、それをチャパーティーと米で食べるのだったが、これが実に食べやすかった。辛さはかなり控えめだし、油の量を抑えているからか、たくさん食べても胃にもたれない。レストランの料理ももちろんいいのだが、彼女の家でいただいた家庭料理は、どこかほっとする気持ちにさせてくれた。

数は多くないものの、日本でもインド家庭料理を楽しめる店がある。東京なら、インド人が多く住む江戸川区西葛西エリアにある「印度家庭料理　レカ」がおすすめだ。インド・マハーラーシュトラ州プネー出身で日本に帰化し、二〇一九年に江戸川区議会議員に当選したことで注目された、よぎ（プラニク・ヨゲンドラ。現・土浦第一高校校長）氏の母が切り盛りする店だ。たっぷりの野菜を多彩なスパイスで味付けした料理は、身体にやさしくヘルシー。まさに「インド版おふくろの味」なのだ。

州政府出張所食堂めぐりで楽しむ各地の料理

インド各地の多様な料理を味わうには現地に行くのがベストなのは言うまでもない。とはいえ、インドは広い。東西南北をくまなくめぐるには途方もない時間と費用がかかる。だが首都デリーであれば、そんな欲求をかなりの部分満たしてくれる場所がある。各州政府が市内に置いている出張所だ。「～ハウス」あるいはヒンディー語で「～バワン」という名前になっていることが多い。そこには「キャンティーン」と呼ばれる食堂があり、州によっては関係者以外にも開放されている。

本来はその州政府関係の出張者向けなので、文字通り「本場」の料理が供されている。たとえて言うならば、日本の社員食堂の雰囲気に近いかもしれない。一般のレストランと違ってそれほど利益も追求していないのか、値段も破格だ。二〇一〇年ごろの話なのでさすがに値上げしていると思われるが、「アーンドラ・プラデーシュ・バワン」の食堂では五〇ルピー（当時のレートで約七五円）で次ページの写真のような食事ができた。

州政府出張所食堂に筆者が初めて行ったのは、日本大使館の仕事でデリーに着任して間もない頃のことだった。ランチにちょうど良いレストランを同僚に尋ねたところ、「KFCがありますよ」と教えてくれた。車の運転手に言えば、わかるはずだという。そうか、と思い早速行ってみた。着いた場所にはこう書かれていた——「カルナータカ・フード・センター」。さすがにフライドチキンのあのチェーンではないだろうとは思っていたが、「K」は南インドのカルナータカ州だったのだ。

もちろん南インド料理は望むところだったので、入ってみた。そこは照明はやや弱かったが天井が高く広々とした空間で、席はほとんど埋まっていた。外国人は筆者だけのようだった。そこで頼んだのは、本章ですでに紹介した南インドの定食、「ミールス」。ステンレスの丸い皿にサンバルやラッサムなどの汁物が入った小皿が数種類、そして山盛りのライスと揚げパンのプーリー。何種類ものスパイスが織りなす味は、辛さはそれほどではなくさっぱりとした印象で、ライスがどんどん進む。ライスはなくなると、すかさずスタッフが来てお

アーンドラ・プラデーシュ・バワンの定食

かわりをよそってくれる。一〇〇ルピー程度だったと記憶しているが、食べ終わったときは満腹だった。店内の黒板には日替わりメニューが手書きで記されており、その日の気分でドーサやレモンライスなどを選ぶこともできた。

それから各州の出張所食堂めぐりが始まった。デリーが属する北インドの料理は他でも食べられるので、それ以外の地域のものが多かったように思う。すでに触れたアーンドラ・プラデーシュやカルナータカに加え、タミル・ナードゥ・ハウスにもよく食べに行った。南インド料理といっても州によって微妙に味が違ったのを覚えている。

北東部の料理を初めて食べたのも出張所食堂でだった。ナガランド・ハウスがランチタイムに行けそうな場所にあったので電話で尋ねてみると、食事可能とのこと。そこで出てきたのは豚の角煮そっくりの料理で、話には聞いていたもののやはり驚かずにはいられなかった。地域としては北東部だが文化圏的にはチベット色が強いシッキム州の「シッキム・ハウス」もよく通った場所のひとつだ。トゥクパと呼ばれるうどんのような料理やチベット版餃子・モモを食べていると、デリーではないような気がしたものだった（なお、北東部料理とチベット料理については第五章であらためて取り上げる）。この他、インド人の同僚に誘われてジャンムー・カシミール・ハウスに連れて行ってもらったこともあった。名物のローガン・ジョシュというマトンのグレーヴィーが絶品だった。

いかがだろうか。デリーを訪問する際、北インド以外の料理を試してみたい場合の参考にしてほしい。なお、ＫＦＣのように誰でも利用できる食堂がある一方で、関係者のみだったり時期によって不可というところもあるので、事前に確認することをおすすめする。

〈コラム〉映画で描かれたインド料理

インドを代表するエンターテインメントは、何といっても映画だ。日本でも一九九八年に『ムトゥ　踊るマハラジャ』が公開されて以来、三時間超は当たり前で、歌と踊りが満載の豪華絢爛といったイメージが浸透しているようだ。近年では、『きっと、うまくいく』や『バーフバリ』、このあと取り上げる『ＲＲＲ』を見たという読者もいることだろう。さまざまな言語が使用されているインドの現状を反映して、ヒンディー語映画（いわゆる「ボリウッド」）以外にも、タミル語やテルグ語、カンナダ語をはじめそれぞれの言語で作品が制作されている。ここでは、「食」をテーマにした映画をいくつか取り上げることにしよう。いずれも食そのものの魅力だけでなく、食を通じてインド社会の諸相が描き出されており、興味が尽きない。

インドでは勤務先での昼食に、自宅で作ったお弁当を食べる人が多い。次章で詳しく触れるように、背景には、宗教的な理由もあり外食を避け、安心して食事をしたいという考えがある。自分で出勤時に持参する人も多いが、温かい食事をというニーズに応じるべく、弁当配達業者というのがいる。中でも有名なのは、一八九〇年から続くというムンバイの「ダッバーワーラー」（ダッバーは「容器、箱」、ワーラーは「人」。ここでは「弁当配達人」という意味になる）だ。約五〇〇〇人のダッバーワーラーが、市内各地の家から一三万個もの弁当をピックアップして職場に配達し、さらに食べ終わった後は弁当箱を元の家まで届けるのだ。驚くべきはその正確さで、誤配率は何と六〇〇万分の一だという。その高い効率性と正確さは、『ハーバード・ビジネス・レビュー』でも高く評価されたほどだ。

そんな弁当配達システムで、もし誤配が生じたら、そしてそれがきっかけで見知らぬ人同士の交流が生まれたら――二〇一三年公開の『めぐり逢わせのお弁当』（原題：*The Lunchbox*）は、そんな「もし」にもとづいた作品だ。主婦のイラは毎日夫のために弁当を作っているが、夫婦仲は冷え切っている。ある日、作ったお弁当が別の場所に配達されてしまう。間違って受け取った側の会計士のサージャン（演じるのは名優イルファーン・カーン）は、弁当を完食する。この「誤配」はその後もつづき、イラとサージャンは弁当箱経由でメッセージのやりとりをするようになるが……といった具合でストーリーが展開していく。

ちなみにこのダッバーワーラー、近年は強敵の出現という新たな事態に直面している。フードデリバリーサービスだ。スマホで注文すれば、短時間で職場でも自宅でも、指定の場所にできたての料理を配達してくれる。

『めぐり逢わせのお弁当』でもそうだったように、家庭で食事を作るのは女性という見方は、インドでも根強い。当人が納得していればまだ良いかもしれないが、当然と言わんばかりにその役割を押しつけられれば、不満は高まっていく。二〇二一年公開の『グレート・インディアン・キッチン』は、まさにそうした女性に焦点を当てた作品だ。映画のポスターは、キッチンで鍋を持つ妻に夫が後ろから手を回しているシーンが用いられている。二人は笑顔で、仲睦まじい夫婦のように見える。実際、映画の序盤ではこのとおりで、見た目も鮮やかな多種多様なケーララ料理が作られていく。だが、ポスターには、不穏なメッセージが付されている。「キッチンという名の牢獄」。毎日の調理はもちろん、夫や義父の食い散らかしを含む片付け、皿洗い、生ごみの処理。シンクの排水の調子が悪く悪臭を発するようになっても、男たちは何もしてくれない。「牢獄」とはそういう意味だったたか、と見ながら思った。理不尽な慣習と妻として求められる重圧に押し潰されそうになっていく妻の様子は、当初イメージした「ハートフルな料理映画」とは対極にあるものだった。

日本でも大ヒットした『RRR』にも、食事のシーンがある。主人公のラーマとビームが、大皿に盛られた米料理を食べていた。肉もゆで卵も入っており、本章でも取り上げたビリヤニのようだ。このときビームはアクタルという変名でデリーのムスリム宅に潜伏しており、その点でも間違いなさそうに見える。ただ、これはビリヤニではなく、「マンディ」という中東発祥の炊き込みご飯だという指摘もちらほらある。ややこしいのは、インドにもマンディはあり、ビリヤニとの境界線はあいまいな点だ。

ドキュメンタリー映画も一本紹介しておきたい。『聖者たちの食卓』という作品だ。インド固有の宗教、シーク教の総本山がパンジャーブ州アムリトサルにある。「黄金寺院」の通称でも知られるハリマンディル・サーヒブでは、シーク教徒であるかどうかを問わず、希望する者には食事が無料で振る舞われる。その数なんと、一日一〇万食。映画では、膨大な量の食事を調理する舞台裏が紹介されている。

第三章

肉かベジか、それが問題だ

——食から見えるインドの宗教、文化、自然

「マハラジャマック」には何が入っているのか

インドにもマクドナルドがある。首都デリーであれば街中の所々でおなじみの黄色い「M」のロゴを見かけるし、空港のフードコートにも入っている。どこもインド人や外国人の客でにぎわっており、ハンバーガーやポテトをほおばったりドリンクを飲んだりしている。

しかし、インドのマクドナルドには、他の国とは異なる大きな特徴がある――ビーフを使ったハンバーガーがいっさいないのだ。インドでは人口の約八割をヒンドゥー教徒が占めている。彼らの教えでは、牛は「神様の乗り物」として神聖視されているため、ビーフは禁忌なのだ。これはハンバーガー系の外国ファストフードチェーンにとって大きなハードルとなる。マクドナルドであれば、看板メニューの「ビッグマック」や「チーズバーガー」をはじめ、主力商品を出すことができなくなる。しかし、インドという巨大市場への参入は捨てがたい。

そこでマクドナルドは、一九九六年にムンバイ郊外でインド一号店をオープンした際、他

インドの宗教別人口割合（2011年国勢調査）

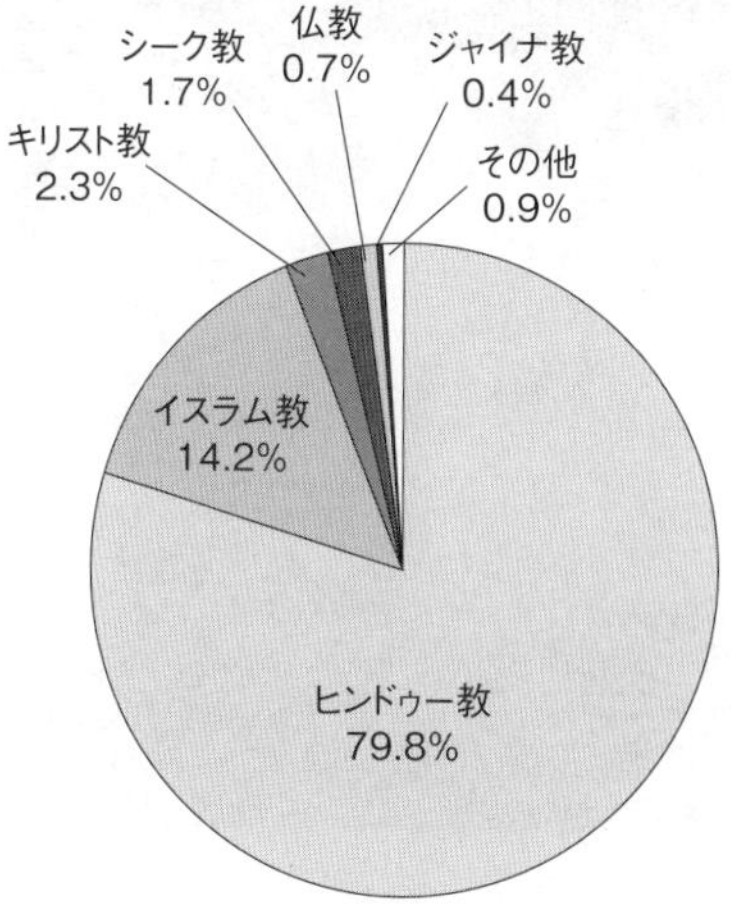

国にはない一連の斬新なメニューを導入した。それを代表するのが「マハラジャマック」だ。人気を博したインド映画の邦題になっていることで知られているように、「マハラジャ」とは「王様」を意味する。ビッグマック的な位置づけにふさわしいネーミングと言える。パティに使われているのはチキンである。それをレタスや玉ねぎ、トマト、ピクルス、チーズと合わせ、二層にしたものが上下からバンズではさまれている。ソースはサウザンドアイランドドレッシングを思わせる味わいだ。

インドのマクドナルドは「バターチキンバーガー」や「バターパニール・グリルバーガー」など、他国ではなかなかお目にかかれない独自メニューを展開している。外国チェーンのローカリゼーションという観点で、非常に際立った

インドでしか食べられないマハラジャマック

特徴がある国と言えるだろう。

なお、ビーフを他の肉で代用するスタイルは他の外国チェーンも踏襲しており、インドのバーガーキングにもやはりビーフのハンバーガーはない。同チェーンの名物「ワッパー」バーガーも、チキン、さらにはマトンを使ったものである。その点、ケンタッキー・フライド・チキン（KFC）の場合、当然ながら肉はチキンだけなので、この問題からは解放されている。

インドでは、牛肉をめぐる問題は単に食の嗜好にかかわるものではなく、宗教に深く根差している。対応を誤れば社会問題に発展しかねない危険性すらはらんでいる。それだけに、インドに参入する外国チェーンとしては、慎重を期す必要がある。

こうした事情をしっかりと踏まえてマクドナ

ルドはビッグマックの代わりにマハラジャマックを導入するなどの対応を取ったわけだが、それで一安心というわけにはいかなかった。ハンバーガー以外のところでケチがついたのだ。二〇〇一年に、ヒンドゥー・ナショナリズムを掲げる保守政党「シヴ・セーナー」のデリー支部長が、マクドナルドではフライドポテトの揚げ油に牛脂が使われているとし、「ヒンドゥー教徒の宗教的感情に対する攻撃だ」と非難したことがあった。「ヴィシュワ・ヒンドゥー・パリシャード（VHP）」というヒンドゥー教徒団体の幹部もこれに同調した。シヴ・セーナーは商都ムンバイを擁するマハーラーシュトラ州の有力地域政党で、当時は中央でもインド人民党（BJP）主導の連立政権に参加していた。VHPは、「民族義勇団（RSS）」を中核とするヒンドゥー至上主義グループの一角を占め、過去には過激な行動を起こしたこともあった。マクドナルド側は「牛肉製品は使っていない」と明確に述べて疑惑を否定し、騒ぎは鎮静化したものの、この問題がいかにセンシティブかを思い知らされたことだろう。

ベジタリアンにとってのタンパク源

「マハラジャマック」について記したが、実は二種類ある。冒頭で取り上げたのは、正確には「チキン・マハラジャマック」という。もうひとつは「ベジ・マハラジャマック」、つまりベジタリアン向けのハンバーガーだ。パティはマッシュしたジャガイモをスパイスで味付けし揚げたもので、コロッケのような味わいと食感だ。マクドナルド・インドのウェブサイトによると、当初マハラジャマックはチキンだけだったが、二〇一六年にベジ・バージョンを加えたという。ビッグマック系統としては世界全体でも初めてだったそうだ。

マハラジャマック以外のハンバーガーでもベジメニューは充実しており、「ビーフ不使用」と並んでインドのマクドナルドの大きな特徴になっている。KFCについて言えば、フライドチキンやそれをはさんだハンバーガーが売り物だが、ここでも種類こそ少ないものの、ベジメニューが存在する。

外国ファストフードチェーンの話が長くなってしまったが、ベジメニューの充実ぶりはインド料理全般でも同様だ。「ベジ」に対して肉食のことを「ノンベジ（Non-Veg）」、つまり「非菜食」と呼んでいることからは、むしろ菜食のほうが基本とすら言える。ちなみに、ノンベジという呼称自体インド発祥のようで、筆者は南アジア以外で聞いたことがない。「あの人はノンベジだから……」と当たり前のように使って、南アジアに馴染みのない知人から怪訝な顔をされたこともあるほどだ。ベジの商品やメニューには緑色の四角の枠に丸を記したマークが、ノンベジには赤色で同様のマーク——日の丸を思わせる——が付けられており、どちらかすぐに見分けがつくようになっている。

街角にある乳業大手アムルのミルクブース

ベジタリアンの食生活では、タンパク質をいかに摂るかが栄養上の重要な課題になる。動物の肉でタンパク質を摂れない以上、他の食材で補う必要があるからだ。解決策のひとつは豆である。前章で取り上げた「ダール・マカーニー」をはじめ、多数の豆料理がある。もうひとつが「パニール」だ。一見豆腐のような白い固形の食材だが、原材料は豆ではなく、水牛もしくは乳牛のミルクである（乳製品はベジタリアンでも食べる）。パニールは「インド版カッテージチーズ」と呼ばれることが多

インドのシンプルなベジ定食

い。ただ、パニールは全脂肪乳を用いるのに対しカッテージチーズは脱脂乳から作られることに加え製法も異なり、厳密には別物である。

このパニール、ベジ料理では欠かせない存在になっている。代表的な料理をいくつか挙げてみよう。日本のインド料理店でも見かけるグレーヴィーで、「サーグ・パニール」がある。ほうれん草をはじめ青菜を茹でて、玉ねぎやにんにく、その他のスパイスとともにペースト状になるまで煮込み、そこに一口サイズにカットしたパニールが入った料理だ（「パーラク・パニール」と呼ばれることもあるが、「パーラク」は「ほうれん草」の意味なので、それ以外の青菜は使われない。ただ、実際には「サーグ」との境界はあまり厳密ではない)。
トマトベースのソースにグリーンピースとパニールを加えた「マタル・パニール」もポピュラーな一品である。また、「パニール・ティッカ」は、ヨーグルトに漬け込んだパニールをバーベキューのように野菜を間にはさみながら串で刺し、タンドールで焼いたもので、チキンティッカのベジ版と言える。

多種多様な「ベジタリアン」

ここまで大雑把に「ベジタリアン」という言葉を使ってきたが、実はベジタリアンといっても幅がある。完全菜食のピュア・ベジタリアン(いわゆるヴィーガン)ばかりというわけではないのだ。日本ベジタリアン協会によると、植物性食品に加え乳製品を食べる「ラクト・ベジタリアン」、卵も食べる「ラクト・オボ・ベジタリアン」、魚も食べる「ペスコ・ベジタリアン」などに分類されるという。

ただインドの場合、事情はもっと複雑だ。それは、健康志向やエコロジーへの配慮といった動機というよりも、宗教的な理由、あるいは社会や家庭への配慮といった要因が影響しているることによる。こうした実情を絶妙なかたちで示したのが、有力メディアグループ「タイムズ・グループ」が運営するグルメサイト「タイムズ・フード」に掲載された一本の記事だ

8種類に分かれるインドの「ベジタリアン」

名称	解説
ピュア・ベジタリアン（Pure Vegetarians）	完全菜食。肉を販売している通路すら通らない
エッグタリアン（Eggitarians）	卵はOKのベジタリアン。もっとも多いタイプ
渋々型ベジタリアン（Majboor Vegetarians）	肉食に惹かれるが家の方針で菜食を続けている
酒飲みベジタリアン（Boozy Vegetarians）	飲酒時だけ肉食になる。学生によく見られる
グレーヴィータリアン（Gravytarians）	グレーヴィー（いわゆるカレー）を食べる時は肉食になる
曜日限定型ベジタリアン（Calenderetarians）	特定の曜日だけ菜食になる
スイーツ例外ベジタリアン（Caketarians）	エッグタリアンの亜種。卵を使ったケーキやクッキーは可
家庭限定型ベジタリアン（Restricted Vegetarians）	家ではベジタリアンだが外食時は肉も食べる

出所）"8 types of vegetarians found in India," *Times Food*, March 16, 2018.

った。上の表にまとめたように、そこではインドのベジタリアンが八種類に分けられている。

　若干奇をてらった感がするものもあるが、インドのベジタリアンの傾向をうまく表していると筆者は感じた。いくつか補足すると、ここでの「ピュア・ベジタリアン」は、乳製品は可とする者も含まれているように見える。というのも、チャイに入れるミルクや、ラッシーに用いるだけでなく料理にもかけるヨーグルト、前出のパニール、そしてギーなど、これらを排除したらインド料理は成り立たないと言っても過言ではないからだ。つまり、「ラクト・ベジタリアン」がかなり多くいるということだ。卵までは食べる、というベジタリアンも少なくない。

「曜日限定型ベジタリアン」は、筆者も度々遭遇したことがある。東京でインド人(ヒンドゥー教徒)の友人とランチをともにしたときのこと。以前の会食ではチキンを食べていたので彼はノンベジかと思っていたら、その日はいっさい肉料理に手をつけない。理由を聞いてみると、「水曜日は肉を食べないことにしているんだ」という答えが返ってきた。これはヒンドゥー教で信奉する神様との関係によるものだ。たとえば猿の外見をしたハヌマーン神の場合は火曜日と土曜日が、ヒンドゥー教でもっとも人気がある神の一柱であるクリシュナ神は水曜日がそれぞれ特別な曜日とされている。他にも、家族で寺院に参拝しに行く曜日を決めており、その日は肉を食べないことにしている、という人もいる。

インドでは菜食だが、海外に行くときは肉も食べるという「ベジタリアン」もいる。これは「家庭限定型ベジタリアン」に連なるものと言えそうだが、国によってはベジタリアン向けメニューが限られているためやむなく、というケースもありそうだ。もちろん、後述するジャイナ教徒をはじめとして、居場所にかかわらず厳格に菜食を貫くインド人も多くいる。

事情や動機はそれぞれだが、こうしたバリエーションからは、菜食をめぐるインド人の「建前」と「本音」、あるいは「基本」と「例外」を垣間見ることができて興味深い。八つの分類を見てつくづく感じさせられるのは、インド人にとって食事とは、食べたいものを食べればいいのではなく、何を食べるか——そして何を食べないか——がアイデンティティと強く結びついているということだ。だからこそ、時としてその制約から逸脱しようとした結果として「例外」があるのかもしれない。

インドのベジタリアン人口は五億人？

インド人の肉食と菜食については、世論調査機関ピュー・リサーチ・センターが二〇一九年一一月から二〇二〇年三月にかけて約三万人を対象に行った、興味深い調査がある。それによると、自分はベジタリアンであると回答した者の割合は、全体では三九％だった。この割合を二〇二〇年の総人口（約一四億人）に当てはめると、五億四六〇〇万人がベジタリアンということになる。これほど多くの人びとがベジタリアンという国はそうないのではないだろうか。

ただここでいう「ベジタリアン」は当然ながら自己申告なので、回答者がどこまで厳格に菜食を徹底しているかまではわからない。乳製品や卵までは食べる場合でもベジタリアンと回答しているケースは十分考えられる。一方、「ノンベジ」と回答した場合はさらに二つの設問によって四分類され、「特定の日に肉食を避け、かつ特定の肉を避ける」（三〇％）、

路上の青果店でも多種多様な野菜が販売されている

「特定の日に肉食を避ける」（六％）、「特定の肉を避ける」（五％）、「肉食に関する制約はない」（一八％）という結果になっている。ノンベジでも何らかの制約を課している者が多いことがわかる。

この調査が興味深いのは、宗教別の割合も示している点だ。ベジタリアンと回答した者は、ヒンドゥー教徒で四四％であるのに対して、イスラム教徒はわずか八％、キリスト教徒も一〇％しかいない。仏教徒も二五％と平均よりは低い。逆に平均よりも大幅に

魚ないし鶏肉・その他の肉を食べるかどうかをめぐる州別の状況（単位：%）

		毎日	毎週	時々	食べない
グジャラート（西部）	女性	2.4	17.8	18.6	61.1
	男性	2.1	18.5	30.3	49.1
ウッタル・プラデーシュ（北部）	女性	0.8	19.0	33.8	46.4
	男性	2.2	28.0	35.8	34.0
ケーララ（南部）	女性	57.9	32.6	7.9	1.6
	男性	51.1	38.9	8.4	1.5

出所）NFHS-5のデータにもとづき筆者作成

高い割合だったのは五九％のシーク教徒、そして何といっても九二％のジャイナ教徒である。信じる宗教によって、食生活が大きく変わることが読み取れる。

地域や性別によっても違いがある。インド保健家族福祉省が二〇一九年から二一年にかけて行った「第五次全国家族健康調査（ＮＦＨＳ-５）」には、保健や衛生関係だけでなく食生活についての調査項目もあり、州ごとの状況がわかる。ヒンドゥー教徒が人口の八九％を占めるインド西部のグジャラート州では、「魚ないし鶏肉・その他の肉」についての設問で、男性の四九・一％、女性の六一・一％が「食べない」と回答した。これが南部のケーララ州となると、様相は大きく異なる。同州ではヒンドゥー教徒が五五％だが、ムスリムが二七％、クリスチャンが一八％を占めている。

同じ設問で「食べない」と回答した者は、男性で一・五%、女性で一・六%しかいなかった。

逆に「食べる」と回答した場合はその頻度についての設問もあり、グジャラートでは「毎日」が二・四%、「毎週」が一七・八%、「時々」が一八・六%だった（女性の場合。以下同）。一方のケーララでは、「毎日」は五七・九%、「毎週」は三二・六%、「時々」は七・九%と、多くの人びとが常食していることがわかる（ただし、同州は南北に延びる長い海岸線を持っており、魚が盛んに食べられていることを考慮する必要がある）。

「マヌ法典」にまで遡る菜食の理由

そもそもヒンドゥー教徒の間では、なぜ菜食が尊ばれるのか。その根拠は、古代インドの「マヌ法典」に求めることができる。

マヌ法典はバラモン教やその影響を色濃く残すヒンドゥー教の法典であり、紀元前二世紀から紀元三世紀にかけて成立したと考えられている。「法典」という名称から六法全書のようなイメージを持つかもしれないが、法律的な内容にとどまらず、世界の創造や道徳、輪廻転生といった幅広いテーマがカバーされており、古代インドの百科事典と言ったほうがよいだろう。なお、タイトルの「マヌ」とは、人類の始祖とされる存在の名称である。

ヒンドゥー教というとカースト制度が想起されるが、バラモン（ブラーミン）、クシャトリア、ヴァイシャ、シュードラの四種姓（ヴァルナ）について、それぞれの権利と義務が定められているのもこのマヌ法典だ。カーストの問題をめぐっては、かつて「不可触民」と呼ばれ差別の対象とされてきた人びと（現在の呼称は「ダリット」）の解放運動のリーダーとして知られるB・R・アンベードカルが一九二七年にマヌ法典を焼くことで抗議の意思表示をしたのに対し、マハートマ・ガンディーはカースト差別には反対としつつも、マヌ法典は全体を読んで評価すべきとの姿勢をとり、見解を異にしたことがあった。

マヌ法典は全一二章、二六八四本の詩句からなり、第五章で「可食・不可食」にかかわる事項が数多く言及されている。肉食を禁じるものとしては、以下の詩句がある。

「肉は生物を害ふ事なくしては決して得られず。而して、生類を害ふは、天界の福祉に障りあり。それ故に肉を避くべし」（第四八節）

「肉の出所、及び生類を縛り、且つ、殺すが如き（残酷）を熟慮し、すべての肉食を断つべし」（第四九節）

肉食禁止の前提となるのが、「不殺生（アヒンサー）」の思想である。紀元六世紀ごろまでの「ヴェーダ時代」の中で高まっていった思想で、インド哲学研究者の渡瀬信之氏によると、アヒンサーは「単に生き物を殺さないことのみを意味しない。人間および動植物を含めてすべての生命あるものに危害を加えないことを意味」するという。マヌ法典も「己れの快楽を欲して害なき生物を害ふ者は、生死のいづれに於ても決して幸福を得ることなし」（第四五節）として、動物を殺すことを強く戒めている。なお、近現代ではアヒンサーの思想は政治的文脈でも実践されている。マハートマ・ガンディーが非暴力運動を展開していくなかでアヒンサーを掲げ、チベットの精神的指導者ダライ・ラマ一四世も、一九八七年にチベットを「アヒンサー地帯」（ここでは「非暴力」の意味）にすべしとの内容を盛り込んだ提案を中国にしたことがある。

しかしその一方で、古代インドでも肉食の「誘惑」は強かったようだ。「もし、（肉に対し）強き欲求起る時は、牛酪又は穀粉にて獣の形を作り、（そを食すべし。）されど（適法なる）理由なくしては、決して獣を殺さんとする勿れ」（第三七節）という詩句からは、バラモンでも肉食に抗えない者がいたことが読み取れる。

これらの多くは僧侶階級であるバラモンについてのものだが、カースト制度の下でバラモンは頂点に位置するだけに、その影響力は大きかったと考えられる。現代のヒンドゥー教徒も日々の生活の中でマヌ法典の一節一節を意識しているわけではないにしても、そこで説かれている内容は食をめぐる思想の支柱をなしているのである。

「浄」と「不浄」

ヒンドゥー教徒の多くが意識するのが「浄性」である。「浄」と「不浄」は、生活のあらゆる面に現れているが、いずれも元からそのような性質が備わっていると考えられている。たとえば、インドでは左手が「不浄」とされるため、右手で料理を口に運ぶことはよく知られている。排泄時の洗浄に左手を使うためとされるが、それ以上に左手は元から「不浄」であり、どれだけ洗浄して清潔にしても「不浄さ」は消えないと考えられる。「左手はあくまでも左手であるがゆえに不浄」なのである。

この概念はカースト制度にも関わっており、バラモンは浄性がもっとも高く、クシャトリア、ヴァイシャと下がるにつれてその度合いが低くなっていく。ダリットが差別を受けてきたのも、この構造の中で「不浄」な存在と位置づけられたことによる。

生理中の女性も「不浄」と見なされる。この点は、二〇一八年に起きたケーララ州のシャブリマラ寺院への女性の参拝をめぐる対立でクローズアップされた。同寺院は「月経年齢」に当たるとして一〇歳から五〇歳の女性の参拝を禁じていたが、インド最高裁が礼拝権の平等に反するとして参拝を認めるよう寺院側に命じる判断を示した。これを受けて翌一九年一月初旬には女性二名が実際に参拝したが、直後に州都トリヴァンドラムで賛成派と反対派のあいだで衝突が起き、一〇〇人以上が死傷する事態になった。

こうしたなかで食は、直接かつ日々身体に取り込むものだけに、浄性が持つ意味はひときわ大きい。浄性にもとづき、さまざまな食材が序列化されているのである。インド文化研究が専門の小磯千尋氏によると、食材は大別して三種類あるという。ひとつは「純粋さ、高揚した精神、明るさを意味し」、バラモンと関連づけられる「サットヴァ」で、穀物、野菜、果物、乳製品、豆類などが該当する。次いでエネルギーや力を表し、クシャトリアやヴァイシャと関連づけられる「ラジャス」があり、卵、鶏やヤギの新鮮な肉、魚のほか、辛い香辛料やにんにく、玉ねぎのような刺激物も含まれる。そして不浄性が高いとされ、低カーストと関連づけられるのが「タマス」で、豚や犬の肉、腐肉、きのこ類、アルコールなどである。

意外なのは、マッシュルームをはじめとするきのこ類が「タマス」である点だ。肉ではないから問題ないかと思いきや、その位置づけは低い。タマスが表すもののひとつに「暗さ」があり、湿った暗い場所というきのこ類の生育環境によるものなのかもしれない。たしかに考えてみれば、典型的なインド料理できのこを使ったものを食べた記憶はない。

調理法にも浄・不浄の区別がある。油でしっかりと炒めたり揚げたりしたものは「パッカー（成熟）」と呼ばれ「浄」であり、生ものや水煮をしたものは「カッチャー（未熟）」と呼ばれ「不浄」と見なされる。

食のグローバル化によって変わる不浄

インドの経済発展や食のグローバリゼーションに伴い、こうした分類にも変化が現れつつある。まず、不浄性が高いとされてきた肉を食べる割合が増えてきている。これは、前出のNFHSで第四次調査（二〇一五〜一六年）と第五次調査（一九〜二一年）を比較することで確認できる。グジャラートのように菜食の割合が高い州でも、「魚ないし鶏肉・その他の肉」を食べるとした者の割合は、女性で八・一ポイント、男性で七・四ポイント上昇しているのである。

きのこも不浄性が高い食材に位置づけられてきたが、受け止め方が大きく変わった食材のひとつだ。ピザやパスタといったインドでも人気のイタリア料理をはじめとする西洋料理の影響が大きいと見られる。ニュース専門テレビ局NDTVのウェブサイトに食の特集ページがあるが、そこに「マッシュルームを使ったインド料理一三選」という記事が掲載されている。記事の冒頭ではマッシュルームについて「かつては珍しい食材だったが、いまや新たなスーパーフードと見なされている」とし、「自然がもたらした隠れた宝物」とまで称賛されている。料理としては「マッシュルーム・バター・マサラ」や「ポテト&マッシュルーム・ケバブ」、「マッシュルーム・コフタ」など、実際に食べてみたいと思わせる品々が紹介されている。発酵した米粉などから作る「ウッタパム」というお好み焼きのような南インドの朝食で定番の料理があるが、そこにマッシュルームをトッピングに使うレシピもあった。インドでも今後、きのこによる「菌活」が広がっていくのかもしれない。

アルコールに対する認識も変わった。以前であればこっそり隠れて買うものだったのが、ビールやワインを嗜むインド人は中間層以上を中心に広がりを見せている。しかしその一方で禁酒が強化されている地域もあり、ベクトルの異なる二つの潮流が同時進行している状況にある。これについては次章で詳しく取り上げることにしよう。

「地中の虫を殺してしまうから根菜でもNG」――厳格なジャイナ教徒の食事

ピュー・リサーチ・センターの調査では、宗教別でベジタリアンと回答した割合がもっとも多かったのが、九二％のジャイナ教徒だった。ごく一部を除き、大半がベジタリアンということになる。

ジャイナ教は紀元前六世紀から前五世紀ごろに古代インドのマガダ（現在のビハール州）で生まれた宗教だ。始祖マハーヴィーラ（ヴァルダマーナ）は、「ティールタンカラ」と呼ばれる師がいるなかで、その二四番目にして最後の存在と位置づけられている。仏教も紀元前五世紀ごろに成立したと考えられているので、時期的には近い。仏教がその後アジア各地に広がっていったのに対し、ジャイナ教は基本的にインドの中で発展していった。

今日のインドの総人口に占める割合は〇・三七％と、かなり小さい。それでも分母が大きいので、実数としては四五〇万人近くになる。地域としては、西部のグジャラート州やラージャスターン州、中部のマディヤ・プラデーシュ州に比較的多いほか、マハーラーシュトラ州のムンバイでは人口の五・四％を占めている。およそ三人に一人が大卒以上であり、インドの水準では高学歴なのも特徴のひとつである（以上のデータは二〇一一年国勢調査にもとづく）。

ジャイナ教でとくに重視されるのが「不殺生（アヒンサー）」だ。空気中の虫を吸い込んでしまうことがないよう口元を白い布で覆う宗派や、出家者は座る前に虫を殺してしまうことがないようほうきで払うようにしているといったふるまいからは、その徹底ぶりがうかがえる。この教えは生業にも影響しており、農業に従事する者はかなり限定的で、商業、とりわけ金融業や宝石業に就いている者が多い。東京の御徒町は宝石店が多いことで知られているが、インド人の宝石商もおり、その多くがジャイナ教徒である。

食生活も「不殺生」にもとづくため、必然的にジャイナ教徒はベジタリアンということになる。人にもよるが、基本的に卵も食べない。一方で、乳製品は食べることができる。生物を殺すことがないからだ。では野菜なら何でも問題ないかというと、そうはいかない。むしろ、どの野菜がＯＫでどの野菜がＮＧかの線引きが独特なのだ。よく知られている基準としては、根菜類は引き抜く際に地中の虫などを殺してしまうため、食べてはいけないというものがある。ジャガイモやニンジンがこれに該当する。ピュー・リサーチ・センターの調査では「根菜類は食べないか」との設問もあり、「食べない」と回答した者は全体では一九％にとどまるが、ジャイナ教徒だと六七％に跳ね上がる。

根菜類と思われがちな玉ねぎは葉茎菜なのでセーフかと思いきや、「刺激作用があるから」という別の理由で不可となっている。これはにんにくについても当てはまる。葉物野菜でも、カリフラワーやほうれん草は虫がついている可能性があるからという理由で避けられる。しかし、これらを全面的に実行すると野菜ですら食べられるものがかなり制限されてしまう。厳格なジャイナ教徒はこうした決まりを遵守する一方、実際にはそれぞれの野菜に理由付けをするなど折り合いをつけることで対応している者も多いようだ。

日本にもジャイナ教徒にも対応したベジタリアン料理を出す店がある。御徒町にある「ヴェジハーブサーガ」だ。肉や卵はいっさいないし、もちろんアルコールもない。一般的なインドのベジ料理に加え、玉ねぎやショウガを使わないジャイナ教徒向けの料理を食べられるので、どのような味わいか実際に試してみることができる。豆から作る一口サイズの豆腐のような「ソヤチャンクス」は、他の野菜とともにスパイシーなスープに入って供され、一度食べたらクセになる味だ。

実は世界トップクラスの牛肉消費・輸出大国

マクドナルドの対応、それにヒンドゥー教徒やジャイナ教徒による菜食の徹底ぶりを見ると、インドでは牛肉を食べることなどもってのほかという印象を抱くかもしれない。たしかにそうなのだが、一方で牛肉食がないわけではない。いやむしろ、インドは世界でも有数の牛肉消費大国という側面を持っているのだ。

アメリカ農務省（USDA）の統計によると、二〇二〇年に世界でもっとも多く牛肉を消費した国は二七六億ポンド（一ポンド＝約〇・四五キロ）のアメリカで、全体に占めるシェアは二一・二％である。二位が中国（一六・一％）、三位がEU（一三・一％）、四位がブラジル（一二・九％）だが、五位につけているのがインドなのである。消費量では五五億ポンド、シェアは四・二％となっている。ここでいう「牛肉」は牛（cow）だけでなく水牛（buffalo）を含んだものと思われるが、それでも世界五位という実態は、従来のイメージを覆すものと言えるだろう。

国内で消費するだけでなく、外国への輸出も盛んだ。USDAは牛肉の輸出量についての統計も発表しており、二〇二〇年の順位は一位がブラジル（二三・五％）、二位がオーストラリア（一三・七％）、三位がアメリカ（一二・四％）、そして四位がインド（一一・九％）なのである。

実際、インドでも場所によっては牛肉を食べることができる。たとえば、IT企業が集中する南部の都市ベンガルール（バンガロール）はビーフステーキを売りにする店がいくつもある。かつてフランスの植民地だったプドゥチェリー（ポンディシェリ）も同様だ。首都デリーでも、水牛のステーキを出す店がある。

とはいえ、インドで牛肉食はセンシティブな問題である。大半のヒンドゥー教徒は牛肉を食べない一方、ムスリムはその点では制約がなく、牛のと畜を生業とする者もいる。これが時として、宗教対立の引き金になるのである。実際、二〇一五年九月にはウッタル・プラデーシュ州のダドリという地区で、あるムスリムの家が牛を殺し、その肉を食べて残りは冷蔵庫に入れてあるという噂――実際にはヤギ肉だった――が広まり、激昂したヒンドゥー教徒の集団によって住人の男性親子が暴行を加えられ、父親は死亡し息子も重体になるという凄惨な事件が起きた。

インド憲法では第四八条で「国は牛や子牛、その他の乳牛および役牛のと畜禁止に関する措置を講じる必要がある」との規定がある。これは憲法で「指導原則」というカテゴリーに配置されており、ただちに牛のと畜を禁じるものではない。しかし、この条項にもとづいて多くの州で具体的な禁止規定が立法化されている。二〇二三年四月時点では二八州中二〇州で牛のと畜が違法になっているが、「牛」の対象や規制する行為の範囲、それに罰則の内容については州によってまちまちだ。一方、ムスリムとクリスチャンの多いケーララ州やムスリムが二七%を占める西ベンガル州、それに他の地域とは異なる民族・文化的背景を持つ北東部の六州（アルナーチャル・プラデーシュ、メーガーラヤ、ミゾラム、マニプル、ナガランド、トリプラ）では禁止規定はない。

断食に込められた思い

ここまで「何を食べるか、食べないか」について書いてきたが、インドでは「何も食べない」こと、すなわち「断食」も非常に重要な意味を持っている。なぜかといえば、本章ですでに取り上げた「浄・不浄」の観点から、断食は心身を浄化する主要な行為のひとつだからだ。ちなみにもうひとつは沐浴で、ヴァラナシでヒンドゥー教徒がガートと呼ばれる川岸からガンジス河に入り身体を浸すことは、この上ない浄化の行為なのである。

インドでは断食は「ウプヴァース」と呼ばれ、まったく何も食べないこともあれば、特定の食物のみ食べる（あるいは食べない）というかたちをとることもあり、断食というよりは「節食」に近いものも含まれる。期間もさまざまで、一日だけのときから長い場合は一週間を超えることもある。

断食はヒンドゥー教のさまざまな祝祭でも行われる。「ナヴラートリ」はヒンドゥー教のドゥルガー神とその九つの化身に捧げるもので、ヒンドゥー暦の「チャイトラ月」と「シャラド月」にインド各地で行われる。西暦だと前者は三月から四月、後者は一〇月から一一月に当たることが多い。サンスクリット語で「ナヴ」は「九」、「ラートリ」は「夜」を意味し、そのとおりに九日間にわたって祝祭がつづく。この期間中ずっと断食するのではなく、さまざまな制限を課す「節食」を行うのである。肉を食べず、アルコールも飲まないことはもちろんだが、穀物でも米や一部の小麦粉は避けるべきとされる。野菜についても、玉ねぎやにんにくのような刺激物は食べるべきではないとされる。

既婚女性が夫の健康や長寿を願って断食を行う「カルワチョート」という伝統行事もある。満月の前日の深夜（あるいは当日の日の出前）から妻が断食を始め、当日は夫が帰宅するまで続く。夜は満月が出たら月見をするというが、それまでは食事はもちろん水も飲むことができない。これを夫への愛と献身の表れと見るか、男尊女卑と捉えるかで評価は分かれそうだが、現在でも続いている伝統であることはたしかだ。ちなみに、インドを代表する俳優のひとりシャー・ルク・カーン主演の映画『シャー・ルク・カーンのＤＤＬＪラブゲット大作戦』では、カルワチョートをめぐるヒロインとのやりとりが物語の重要なトピックになっている。

ガンディーと断食

断食は政治闘争の手段としても用いられ、もっともよく知られているのがマハートマ・ガンディーである。七八年にわたる彼の足跡を編年体で記した『マハートマ・ガンディー年譜（*Mahatma Gandhi: A Chronology*）』には、巻末に「付録二　ガンディーの断食」という項目が立てられている（このような項目があること自体、ガンディーにとって断食が政治的に重要な意味を持ち、かつ多用していたことを表していると言える）。

それによると、ガンディーは南アフリカで弁護士をしていた一九一三年に初めて断食を行って以降、生涯で一七回の断食を行っている。七日間や一四日間、さらには二一日間に及んだものも三回ある。たとえば、一九二四年九月には、ヒンドゥー・ムスリム間の対立が暴動に発展したのを受けて、団結を求めて二一日間の断食を敢行している。また、三三年五月に獄中で断食を開始し、その日に釈放されている。このときの目的についてガンディーは「ハリジャン（引用者注：「神の子」の意味で、ガンディーは不可触民をこう呼んでいた。現在では用いられない）の正義との関連でさらなる注意と関心を注ぐため自身と同志の浄化のための心からの祈り」としており、「浄化」というヒンドゥー教の観念が彼の中で重要な意味を持っていたことがわかる。

断食は二一世紀に入ってからも政治や社会問題をめぐって行われることがある。二〇一一年四月には、社会運動家のアンナ・ハザーレーが「無期限の断食」を行ったことがあった。政治家の汚職事件に対する世論の関心が高まるなか、首相や閣僚を監視するオンブズマン法の制定を求めることが目的だった。これに共感した若者ら数百人がハザーレーの断食に加わり、全国的にも大きな注目を集めることとなった。これを受けて政府は法制定に取り組む意向を示し、ハザーレーは九八時間に及ぶ断食を終了した。しかしその後の政府の対応が遅いことから、同年八月にハザーレーは断食を再度決行した。このときの断食は二九〇時間に及び、終えたときには体重が七・五キロ落ちていたという。これはまさにガンディーを彷彿とさせる「身を挺した」抗議であり、「食べる」という個人的かつ身体的な行為に強い制約を課すことを通じて公的な意思表明を行ったり要求を実現したりしようとすることが現代でも受け継がれていることを示している。ちなみに、断食を終えたハザーレーが最初に口にしたのは、はちみつとココナッツ水だったそうだ。

〈コラム〉 肉があふれるパキスタン料理

インドの西にあるパキスタンという国。一九四七年八月に英領インドから分離独立するまでは、インドとは同じ国だった。この経緯があるだけに、街並みや人びとの様子は似ているところが多い。パキスタンはイスラム教徒が圧倒的に多い国だが、ラホールの旧市街を歩いていると、インドのオールド・デリーとあまり違わないのではという印象すら受ける。パキスタンの人口の約半分を占めるパンジャーブ州は、独立前まではインドのパンジャーブ州と同じ行政単位だった。

食事も共通点は多い。第二章で紹介したように、バターチキンやタンドーリ・チキン、ダール・マカーニーを考案したモーティー・マハルのオーナー、グジュラールたちは現在のパキスタン・ペシャワールで食堂を経営していた。グレーヴィーとチャパーティーやローティーの組み合わせは同じだし、ビリヤニだってある。いやむしろ、パキスタンのシンド地方の「シンディ・ビリヤニ」はハイデラバード・ビリヤニと並ぶ、ビリヤニの代表格と言える。

もちろん違うところもある。最大の違いは、肉をふんだんに使うところだろう。イスラム教徒が人口の九七％を占めているため豚肉は禁忌だが、鶏肉や羊肉、そしてインドではなかなかお目にかかれない牛肉もある。鉄串に刺して焼き上げるシークケバブや鶏肉をヨーグルトや玉ねぎと煮込んだチキン・ホワイト・コルマ、コフタと呼ばれる肉団子。インドではひよこ豆を煮込んだチャナ・マサラは代表的なベジ料理だが、パキスタンではひよこ豆と鶏肉を煮込んだムルグ・チョレーになる。パキスタンの料理も「カレー」と一括りにされがちだが、肉とレンズ豆を煮込んだとろみのあるハリームは、むしろシチューと呼んだほうが近いと感じる。

極めつけは、羊の丸焼きだ。イスラマバードに在勤していたとき、パキスタン経験の長い上司がパキスタン人を自宅に招いて夕食会を開いたことがあった。筆者も同席させてもらったのだが、その日の目玉は庭で焼かれた一頭の羊だった。これが究極のごちそうなのである。スタッフが切り分けた焼きたての羊肉をプレートに乗せてもらい、そのまま食べる。味付けは塩だけだ。フォークやナイフなどは使わず、手づかみで食べる。指を羊の脂でベトベトにしながら肉を口に運ぶ、そのワイルド感は他ではなかなか味わえない。日本では独特の臭みから敬遠されがちな羊肉だが、新鮮な肉をその場で焼いたものはうまみ満点だったのをいまでも覚えている。

肉の違いはファストフードにも現れている。本章の冒頭では、ビーフのハンバーガーがないマクドナルドの話をした。ではパキスタンとなると、どうだろうか。そもそもパキスタンにアメリカのファストフードチェーンがあるのかと思うかもしれないが、筆者が首都のイスラマバードに駐在していた二〇一一年から一三年にかけての時期でも、マクドナルドやKFC、サンドイッチのサブウェイがあった。さらには、日本でおなじみのシュークリーム店、ビアードパパがイスラマバードに出店したのもまさに二〇一三年だった。マクドナルドに話を戻すと、パキスタンでは他の国と変わらないビッグマックが食べられる。もちろん牛肉だ。ダブルチーズバーガー、それに野菜が充実したマックロイヤルもパティはビーフ。インドではベジメニューも用意されていたのに対し、バーガー系は基本的にどれも肉か魚が入っていた。肉をめぐる対応が国境線を隔ててこうも違うのかと食べるたびに感じたものだ。

第四章

ドリンク、フルーツ、そしてスイーツ

――インド料理に欠かせない名脇役たち

ラッシーだけではない――インドならではのソフトドリンク

インドの飲み物といえば、ラッシーを思い浮かべる人は多いだろう。第二章の冒頭でも触れたように、「インド料理屋の典型的なセットメニュー」のドリンクは、プレーンのラッシーやマンゴーラッシーが定番だ。ヨーグルトを主成分とし、爽やかでのどごし滑らかなラッシーは、スパイシーなインド料理で火照った口をクールダウンするのにもってこいだと言える。

もちろんインドでもラッシーは飲まれている。ラッシーはもともとパンジャーブ地方発祥で、「ヨーグルトに水を混ぜたもの」を意味するという。ただ筆者の印象だと、食事中に飲むというよりはデザート的な位置づけのように感じられる。また、ラッシーといってもバリエーションが豊富にある。日本ではマンゴーラッシーやストロベリーラッシーがなじみ深いが、塩を加えたナムキーンラッシー、逆に砂糖で甘みをつけたミーティーラッシー（日本で飲まれるベーシックなラッシーはこれに近い）、それにフルーツをミキサーで混ぜ合わせたラッシーも数多くある。味付けだけでなく、サラサラのものもあれば、粘度が高めのものもあり、それによって食感も変わってくる。

ところで、ラッシーと日本で商品化されている「飲むヨーグルト」は何が違うのか、と気になった読者もいるだろう。当然ながら、両方ともヨーグルト飲料であることは共通している。ポイントはヨーグルトを最初から加工するかどうかにある。ラッシーはヨーグルト（「カード」と呼ばれ、チーズの原料となる凝乳が使われることもある）にクリームもしくは牛乳、水を加えて攪拌して作る。これに対し飲むヨーグルトは、ヨーグルトとしての製造過程で粘度を低くしたものである。

ラッシーの話をしたついでに、もう一つヨーグルトベースのドリンクを紹介したい。「チャース」というドリンクである。ヨーグルトから染み出てくる液体のことを、バターミルクと呼ぶ（南アジア以外では、クリームからバターを作る際に残った液体を指す）。このバターミルクにヨーグルトと水を混ぜる。ここまではラッシーとそれほど変わらないが、そこにクミンパウダーやパクチー、それに塩を加えたものがチャースだ。なお、チャースはもともとインド西部のグジャラート州の飲み物のようで、現在では国内各地で飲むことができるが、言語によって呼称が違ってくる。

日本でも近年、パクチー好きが増えている（もちろん苦手な人も少なくないが）。とはいえそれは麺料理やカレーといった食事での話で、さすがに飲み物に入れるとなると抵抗を感じる人もいるだろう。たしかに味は独特ではある。しかし、慣れてくるとこれがなかなかいけるのだ。クセになる味、という言い方があるが、まさにそれなのである。

ヨーグルト飲料ではないが、強烈なインパクトという点では、「ジャルジーラ」に触れないわけにはいかない。「ジャル」は「水」、「ジーラ」は「クミン」の意味で、その名のとおり、水にクミンシードを混ぜたもの。さらに、ブラックペッパー、塩、ショウガなどが加わる。色は深めの黄緑色で、キウイフルーツのドリンクのようにも見える。そう思って一口飲むと、あまりに真逆な味に衝撃を覚えること間違いなしだ。色はミントによるもので、クミンシードやその他の材料が重なった味は刺激度満点。やはりこちらもとっつきにくいが、これがインド料理によく合う。チャースもジャルジーラも、ともにクミンが使われていることにお気づきだろう。クミンは消化を助ける効果があると言われており、食事の際に飲むには絶好のドリンクと言える。

筆者おすすめのドリンクも紹介しておこう。それは、フレッシュライムソーダだ（レモンソーダもよく飲まれる）。炭酸水にライムの搾り汁を入れるのが基本で、必ずしも「インド感」があるわけではないし、日本でも他の国でも作ろうと思えば簡単に作ることができる。それでもインドで食事をする時には、フレッシュライムソーダをオーダーすることが多い気

スパイスドリンク・ジャルジーラ

がする。店員から「スイートにしますか、それともソルティ？」と聞かれるのが常で、そのときの気分で味が選べるのがいい。両方を合わせた「ミックス」も可能で、筆者はこれを頼むことが多い。これは好みの問題だが、氷はなしで、ほどほどの冷たさのフレッシュライムソーダを飲みながら料理を食べていると、ああインドに来たなあという実感が湧いてくる。

チャイに始まり、チャイに終わる

インドに来たことを実感させてくれるという点では、チャイを忘れるわけにはいかない。単なるミルクティーとは異なり、チャイ、とくにマサラチャイは茶葉を煮出す際、ミルクに砂糖だけでなく、シナモンやクローブ、カルダモン、ブラックペッパーなどを加えて作る。茶葉の香ばしさとミルクのまろやかさ、そして数々のスパイスが織りなす濃厚な味は、これぞインドといった趣だ。甘さがしっかりきいていることは言うまでもない。インドでは街角や駅、バスターミナルはじめあちこちにチャイスタンドがあり、一杯一〇～二〇ルピー（約一七～三四円）程度で気軽に飲むことができる。暑い時期が長いインドだが、そんなときでも熱々の淹れたてチャイを飲むとすっきりした気分になるから不思議だ。

外のスタンドでチャイを飲む場合、カップの使い方に大きな特徴がある。素焼きのカップに入ったチャイを飲み終わると、そのカップを地面に投げて割るのだ。これには、カーストにもかかわる「不浄」の概念もあり、誰が口を付けたかわからないカップを使いたくないという意識に加え、そもそも洗浄用の水が十分に確保できない状況では、容器の準備が間に合わないという事情もあるようだ。ただ、このスタイルは都市部では減ってきている気がする。使い捨てという点では変わらないのだが、代わりにプラスチックや紙のカップが使われるようになっている（ただし、プラスチック製の場合、カップが薄すぎて手で持っていると熱くてたまらないこともある）。小ぶりのグラスを採用して、繰り返し使えるようにしている店も多い。

チャイといえば、ナレンドラ・モディ首相のことが思い出される。二〇一四年の総選挙で当時野党だったインド人民党（ＢＪＰ）を大勝に導き、首相に就任したモディ氏だが、エリートの出身ではなく庶民の家に生まれ育った、たたき上げの政治家として知られている。モディ首相の生家は現在のグジャラート州北部に位置する、ヴァドナガルという小さな町にあった。父はヴァドナガルの鉄道駅でチャイを淹れて売る仕事をしており、少年時代のモディは「チャイワーラー」、つまり「チャイ売り」として手伝っていたというエピソードは語り草になっている。列車の乗客も、停まった駅のチャイ売りが未来のインド首相だとは夢にも思わなかっただろう。

このようにインド人に広く飲まれているチャイだが、新たな展開もある。『マサラチャイ』という、二〇一七年にドイツで制作されたドキュメンタリー映画がある。チャイにかかわるインド人五人の取り組みを追いかけた作品だ。そのうちのひとりに、西部マハーラーシュトラ州プネーでチャイ専門カフェを経営する実業家がいる。彼の店で出すチャイは、一杯八〇ルピー。街角のチャイスタンドの実に八倍だ。作品では、チャイそのものの味やクオリティを重視し、カフェの居心地の良さにもこだわっている様子が描かれていた。単にチャイを「飲む」だけでなく、チャイから広がる「エクスペリエンス」を楽しんでもらおうというコンセプトのように感じられた。

チャイ専門カフェチェーンというかたちで、さらに手広く展開している店もある。ブランド名を「チャイオス（Chaayos）」といい、二〇一二年一一月にデリー郊外のショッピングモールで一号店を出店したのを皮切りに、主要都市で店舗を拡大していった。その後出店ペースを加速させており、二〇二二年七月には二〇〇店舗を突破、二四年までにその倍となる四〇〇店舗達成を目標に掲げているという。筆者も市内や空港の店舗を何度か利用したことがある。驚いたのは、値段だ。ベーシックなマサラチャイが一五〇ルピー。かなり強気の価格設定と言える。他にも、ミルクの量や加えるスパイスのチョイス、砂糖の有無等を自分でカスタマイズできるオリジナルチャイ、さまざまなフレーバーが選べるアイスティーやチャイフラッペなど、商品のバリエーションも豊富だ。この次に取り上げる、コーヒー専門カフ

チャイ専門カフェチェーン・チャイオス

ェチェーンとの競争を相当意識しているように感じられる。

このように、食の多様化や国際化もあって、飲み物も選択肢が増えてきた。とはいえインドの人と話をするとき、何を飲むかといえばやはりチャイになる。筆者はインドを訪問すると、研究関係をはじめさまざまな分野の友人や初対面の識者に話を聞きに行くことがよくある。訪問先では決まって「チャイかコーヒーはいかがですか？」とすすめられる。そこでは、迷わずチャイと答えている。運ばれてきた淹れたてのチャイを飲みながら会話を交わすと、相手とその場を共有している感覚が高まるような気がするのだ。帰国してからも、時間が経ち冷めたチャイの味や膜になった乳脂肪分が歯にまとわりつく感覚まで、不思議と印象に残っているし、そのときの情景や交わした議論の内容まで蘇ってくる。ただ、そういう面談を一日にいくつもこなしていると、それだけ何杯もチャイを飲むことになる。そういえば、ホテルの朝食時にもチャイを頼んだ気がする。そして夕食後も……。インドでの一日は、まさにチャイに始まり、チャイに終わるのだ。

カフェチェーン進出でコーヒー人気が急上昇

チャイのイメージが強いインドだが、実はコーヒーもよく飲まれている。ただ、元々は全国でまんべんなくというわけではなかった。タミル・ナードゥ州をはじめ南インドが中心で、そこでのコーヒーといえば「フィルターコーヒー」が一般的だった。これは上下に分かれたステンレス製の器具を使って淹れるもので、細かな穴がいくつも空いたカップ状の器具に挽いたコーヒーの粉を入れてお湯を注ぎ、抽出されたコーヒーが下のカップに落ちていく。そこにたっぷりの砂糖とミルクを加えて攪拌し、グラスに注いで出来上がりとなる。ペーパーフィルターやネルを介さないからか、コーヒーの油分も一緒に落ち、濃厚な味わいがさらに引き立てられている気がする。

インドのコーヒーといえば南インド、という状況が変わり始めるのが二〇〇〇年代だ。国内初のカジュアルなカフェチェーンがインド主要都市で次々と出店を進めていったのである。その先駆的存在と言えるのが、「カフェ・コーヒー・デイ（CCD）」だ。V・G・シッダールタという南部カルナータカ州出身の起業家がCCDの一号店を同州バンガロール（現ベンガルール）に出店したのが一九九六年だった。その後CCDは二〇〇〇年代に都市部を中心に各地に店舗を増やしていき、一一年には一〇〇〇店舗を突破するまでになった。シンプルなブラックコーヒーはもちろん、エスプレッソベースならカフェラテにカプチーノ。フードメニューもサンドイッチやスイーツが用意され、若者の憩いの場となっていた。

CCDの成功を見て、「バリスタ」という別のカフェチェーンも二〇〇〇年に創業された。筆者がインドに駐在していた二〇〇八年から一〇年の時期は、街のあちこちで両カフェチェーンの店舗が目に入ったものだった。さながら、ＣＣＤ対バリスタの「カフェ戦争」の様相を呈していた（ちなみに筆者は近くのマーケットにあったのがバリスタだったので、そちらによく通っていた）。

インドのコーヒー文化は、「黒船」の来航によってさらなる変化を遂げることになる——そう、スターバックスだ。二〇一〇年ごろでも、インドの総人口は一二億を超えていた。その五％に限定しても、六〇〇〇万人もの一大マーケットになる。コーヒーに限ったことではないが、これを外国勢が放っておくわけがない。インド在住外国人や海外経験のあるインド人の間でも、スタバがそろそろ来るんじゃないか、という話題はちょくちょく耳にした。

そのスターバックスがインド上陸を果たしたのが、二〇一二年一〇月のこと。一号店はムンバイだった。インドの財閥大手・タタと半分ずつ出資をして設立された合弁会社によるものだった。それ以来、筆者はインドに行く度にスターバックスの店舗が増えているのを実感してきた。最初はショッピングモールや空港が主だったようだが、その後街中や郊外でも見かけるようになった。インド人の友人の話だと、デリーからタージ・マハルのあるアーグラーを結ぶ高速道路「ヤムナ・エクスプレスウェイ」沿いにも一店舗あるという。ドリンクメニューは基本的に他の国と共通しているようだったが、フードはベジタリアン向けのものも含め、インドオリジナルのメニューが何種類も用意されているのが印象的だった。ちなみに、

インドのスターバックス。ショッピングモールや空港を中心に店舗が増えている

インドのスターバックスでもオリジナルのマグカップやタンブラー、そしてインド産のコーヒー豆が販売されている。ファンならきっと気になること間違いなしだ。

そしてこの数年、さらに新しい「波」がインドのコーヒーシーンに押し寄せている。日本でもアメリカ発の「サードウェーブ」を受けたチェーンが展開しているが、インドにはそのものずばり、「THIRD WAVE COFFEE（TWC）」というカフェチェーンが二〇一六年に登場した。カルナータカ中部にある一四のコーヒー園で栽培されたアラビカ豆を使用しているのが特徴で、ベンガルールやデリー、ムンバイ、ハイデラバードなど主要都市を中心に七〇店舗を展開しているという。

実はTWCに先駆けること三年、「ブルートーカイ（BLUE TOKAI）」というカフェチェーンも創業されている。愛知県出身の筆者は最初にこの名前を見たとき、愛知県あたりの企業かと思ってしまったが、完全にインド発である（「トーカイ」とは古代マラバール語で「クジャクの大羽」を意味するようで、同社のロゴにもそのイラストが描かれている）。もともとインドは世界有数のコーヒー豆生産国だった。しかし、良質な豆はヨーロッパなどへの輸出に回され、国内で飲めるコーヒーのクオリティは低かったという。こうした状況を変えようと、マット・チタランジャンというインド人が創業したのがブルートーカイというわけだ。

ブルートーカイの店舗では豆の販売も行っており、パッケージごとにどの豆がどの産地で栽培されたのかがわかる。主な産地はカルナータカ州、タミル・ナードゥ州、ケーララ州で、いずれもインド南部であり、この地域がコーヒー豆の生産に適していることがうかがえる。このうち、筆者のお気に入りはホイサラ産地の「モンスーン・マラバール」という豆だ。酸

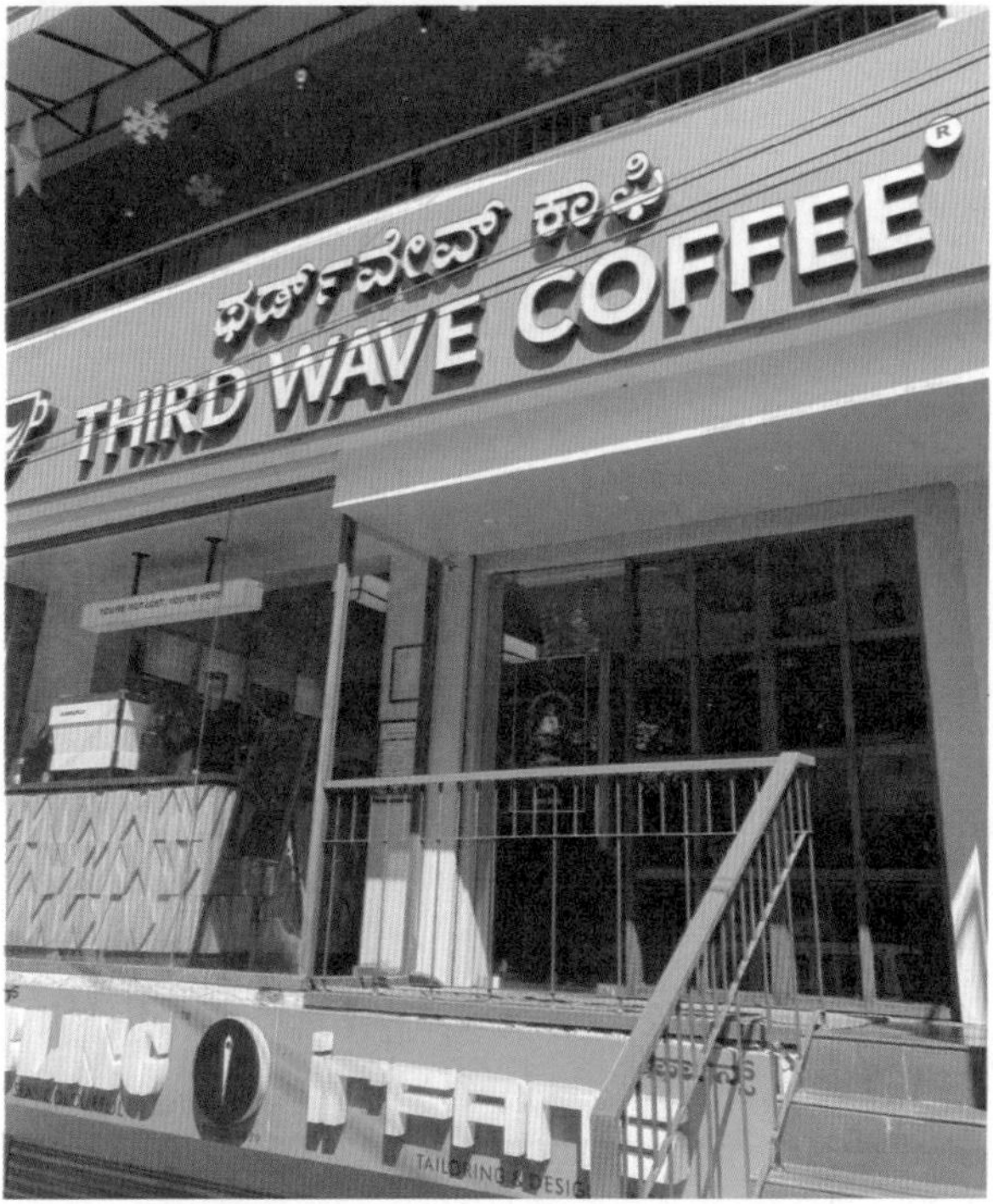

都市部ではTHIRD WAVE COFFEEを
見かけることも増えてきた

味は弱め、苦さはマイルドで、毎日飲んでも飽きのこない、安定の味だと感じている。

ちなみにこのブルートーカイ、東京などでポップアップストアというかたちで展開しているほか、オンラインショップでコーヒー豆を購入することができる。さらに、栃木県矢板市には焙煎所がある。日本にいながらにしてインドのコーヒーを試してみてはいかがだろうか。

急拡大するビールとワイン市場

一昔前までインドでアルコールを購入することは、不可能とは言わないまでもハードルの高い行為だった。イスラム教徒とは異なり、多数派のヒンドゥー教徒の間では、アルコールは禁忌ではない。それでも、ウィスキーであれビールであれ、アルコールは街角の酒屋に人目を忍んで買いに行くというものだった。その酒屋にしても、中にはカウンターに鉄格子がかけられているところすらあった。

それが今はどうだろう。ビールもワインも、販売ライセンスのある店ならごく普通に購入することができる。レストランでも、食事のメニューとは別に、さまざまなアルコール飲料が記載されたドリンクメニューを用意している店も増えている。ベンガルールでは、女性が酒屋のカウンターでアルコールを購入しているのを目にしたこともあった。これも食文化の国際化や多様化の結果と言ってしまえばそれまでだが、隔世の感がある。

なぜこのような変化が生じたのか。最大の要因はやはり、一九九一年以降の経済自由化路線で生じた経済や社会の変化ということになる。特に二一世紀に入ってからの変化は目を見張るものがあり、外国の食文化が広がるなかで、アルコールに対する抵抗感も薄れていった。駐在や出張、留学などで外国に滞在した経験のあるインド人が増えたことも大きい。その中には、インドを手つかずの市場と見て果敢に開拓を試みた者もいた。

アルコール飲料といってもさまざまな種類があるが、手軽に楽しめるものとなると、やはりビールになる。これまでインドのビールといえば、キングフィッシャーが代表的なブランドだった（ちなみにkingfisherとは「カワセミ」を意味し、ブランドのロゴマークにも採用されている）。アルコール大手のユナイテッド・ブリュワリーズ（UB）が、かつて一八五七年に自社が作っていたブランドを一九七八年に復活させたものだ。キングフィッシャーのプレミアムラガーはアルコール度数五％で、すっきりとした味わいのビールだ。日本のインド料理店でも輸入物のキングフィッシャーを出す店が少なくない。他にもアルコール度数の高い「キングフィッシャー・ストロング」や「キングフィッシャー・ウルトラ」などがある。UB総帥のヴィジェイ・マリヤはその後、二〇〇三年に「キングフィッシャー航空」を設立、民間航空業にも進出するなど、キングフィッシャーは時代を象徴するブランドのひとつとなった（その後、航空会社の方は業績が低迷し、一二年に経営破綻）。

ただ、このキングフィッシャー一強状態に対し、手強い挑戦者が現れた。「BIRA91」というビールで、サルのマスコットキャラクターもあってか、ポップな印象を醸し出している。新型コロナウイルスによるパンデミックの前は、インドのレストランで夕食となれば「とりあえずキングフィッシャー」だったのが、二〇二三年に訪問を再開して何度か訪れ

サルをあしらったポップなロゴが印象的なBIRA

たところ、少々状況が変わっていることを実感した。ビールといえば、ＢＩＲＡが出てくる機会が増えてきたのである。初めてＢＩＲＡを試したときの印象は、まず何といっても飲みやすい。コクという点では弱い気がしたが、そもそもそこは追求していないのかもしれない。日本のキリンホールディングスが二〇二一年にＢＩＲＡのメーカーに三〇〇〇万ドル出資して株式の一〇％弱を取得したほか、二三年には三菱ＵＦＪ銀行も一〇〇〇万ドルの出資を発表するなど、日本企業からの関心も高い。こうした全国ブランドとは別に、ベンガルールを中心に「地ビール」の製造も盛んで、数種類のビールを少量ずつ飲み比べることができる店も出てきているという。

ワインも急速に広がりを見せている。筆者がインドに駐在していた二〇一〇年ごろは、ちょうどインド産ワインが注目を集め始めていた時期だったように思う。当時も、そして今でもよく見かけるのは「スラ（太陽）」というワインだ。太陽をモチーフにしたイラストがラベルに付いているので、目に付きやすい。「グローバー」も人気で、インドのワインシーンはこの二つのブランドが牽引しているようだ。

インドではイギリス植民地統治下でブドウ栽培とワイン製造が奨励された。しかし病虫害の影響を受け、一九世紀末にはいったん衰退してしまう。ワイナリーが復活するのは一九八〇年代になってからのこと。フランスのワインに魅了され、現地で八年にわたり醸造技術を学んだカンワル・グローバーが一九八八年に「グローバー・ザンパ・ヴィンヤーズ」を設立。スラを製造するスラ・ヴィンヤーズのほうは、スタンフォード大学を卒業してシリコンバレーで働いていたインド人、ラジーヴ・サマントによって一九九九年に創業された。インド人が海外に出ることで新たな食文化に出会い、それを母国で再現しようとした努力が結実した結果だと言える。

気になるのは味だが、正直に言うと筆者はワインの良し悪しを判断できるほどの力がない。ただ、ワイン好きに言わせると、以前に比べてインドワインの実力は着実に上がっているのだそうだ。限られた個人的な経験でも、「スラ・ヴィンヤーズ　シュナンブラン」や「スラ・ヴィンヤーズ　ソーヴィニオン・ブラン」といった白ワインは雑味が気になることもなく、インド料理との相性も良い。ほのかにスパイシーさが感じられるのも、インドワインならではと言えるのではないだろうか。二〇一五年には、インドに駐在する日本の商社マンが『インドワイン100選』というガイドブックを現地で自費出版した。それだけ種類が豊富にあるということであり、ワイン市場が拡大していることがうかがえる。最近では、日本でも通販やインド食材店等でインドワインが購入できる。銘柄や収穫年にもよるが、おおむね一〇〇〇円台半ばから三〇〇〇円弱で、比較的リーズナブルな価格帯と言えるだろう。インド料理店でも、アルコールのリストでスラやグローバーを見かけることが増えてきた。

なお、スラ・ヴィンヤーズはマハーラーシュトラ州北西部のナーシクという町にある。ナーシクは標高約六一〇メートルで、インドのブドウ生産の大半を担っている。そこには、客が宿泊し、ワインと食事をゆっくりと楽しむことができる施設があるという。いつか行ってみたい場所のひとつだ。

アルコールが普及する一方、酒類禁止の「ドライ・ステート」も健在

ビールやワインが広がっていく一方で、インドにはアルコールについて、もうひとつ重要な側面がある。州全体がアルコール禁止の「ドライ・ステート」の存在だ。そこでは、アルコールの生産や販売はもちろん、他州から持ち込むことも禁止されている。二〇二三年の時点で、西部のグジャラート州、東部のビハール州、北東部のナガランド州とミゾラム州がこの措置をとっている。過去には、タミル・ナードゥ州、アーンドラ・プラデーシュ州、ケーララ州（いずれも南部）、ハリヤーナー州（北部）もドライ・ステートだったことがある。

インドではイギリス植民地時代から禁酒運動が展開されていた。独立運動指導者のマハートマ・ガンディーはその急先鋒のひとりだった。ガンディーは著書『健康へのカギ（*Key to Health*）』で「酩酊させるもの」というテーマに一章を割き、「人はアルコールによって我を忘れるが、その影響はその後もつづき、有意義なことがまったく出来なくなってしまう」

として、「厳格に禁止されるべきだ」と主張している。実際、彼が率いたインド国民会議が独立前に実施された州議会選挙で勝利して政権を担った州では、全面禁止でこそなかったが店舗数や営業時間の制限といった政策が実行に移されたことがある。

インド独立後、一九五〇年に施行された憲法でも禁酒に関する条項が盛り込まれた。「第四編　国家政策の指導原則」の中で、「第四七条　栄養水準および生活水準の向上ならびに公衆衛生の改善に対する国家の任務」で、次のような規定がある。

「国は、国民の栄養水準および生活水準の向上ならびに公衆衛生の改善を最重要の責務としなければならず、とくに医療上の目的を除き、健康に害のある、酒類または薬物の使用を禁止することに努めなければならない」

これはいわば「努力義務」のようなものだ。これを実践しないからといって、州が何らかのペナルティを受けるということはない。ただ、冒頭に紹介したように州が禁酒政策を実行する際の根拠になっているという点では、この条項が持つ意味は小さくない。

ガンディーのような精神面への影響に対する懸念もあれば、「飲酒がドメスティックバイオレンスを助長する」という社会面への影響からアルコールを禁止すべきとする見方もある。

ビハール州は二〇一六年に「ドライ・ステート」に移行した。前年に実施された州議会選挙の際、ニティーシュ・クマール州首相が女性有権者からの要望を受けて禁酒化を公約に掲げており、再選された同氏がそれを実行に移したかたちだった。

ただ、禁酒政策を徹底しすぎると、その反動も起こる。工業用アルコールで密造酒が製造され、それを飲んだ人が死亡したり、密輸によって国境付近の治安が悪化したりするという事態が生じてしまうのだ。また、当然ではあるが禁酒政策の結果、税収は減ることになる。かつてドライ・ステートだった州が方針転換したのは、財政面への影響という現実的な理由も一因だったようだ。

国全体でアルコールが禁止される日もある。共和国記念日（一月二六日）やインド独立記念日（八月一五日）、ガンディー・ジャヤンティ（ガンディー生誕日、一〇月二日）といった国の祝日は「ドライ・デー」となり、一部の例外を除き、酒類の販売や提供ができなくなる。もうひとつは選挙関連だ。総選挙の投票日と開票日も「ドライ・デー」となる。気分が高揚しがちな日だけに、アルコールによって群衆が暴徒化するような事態を回避することが目的とされる。

筆者はこれについて、思い出がある。二〇〇九年五月一六日、連邦下院総選挙の開票が全国で一斉に行われた。当時デリーの日本大使館に勤務していた筆者は、同僚とともに続々と

報じられる選挙結果の確認や分析に当たっていた。大勢が判明し、仕事が終わったのは夜の一一時ごろだったと思う。数名の同僚とホテルのバーに行って、打ち上げをしようということになったのだが、店に行くとドライ・デーなのでアルコールは提供できないという。国の決まりなのでそれは仕方がないが、日付が変わればよいのでは？　と一気に期待が高まった。ところが、一二時を過ぎて再度尋ねてみても答えは「ノー」。結局、モクテル（ノンアルコールのカクテル）で疲れを癒した記憶がある。

フルーツ天国にようこそ

果物の種類が豊富なのもインドの特徴だ。バナナやスイカ、オレンジにレモンといった日本でもおなじみのものに加え、パパイヤやジャックフルーツ、ライチなど南国系のフルーツも豊富にある。市場やスーパーに行くと、カラフルな果物が陳列されていて、見ているだけでも楽しかった。総じて日本で買うよりも安く手に入ることもあり、インドに住んでいた頃にはよく食べていたものだ。

街角や屋台では、果物がぎっしりと並べられたり積まれたりしているジューススタンドもよく見かける。その場で搾ってくれるフレッシュオレンジジュースを暑い日に飲むと、酸味と甘さが身体に染み渡るような気分になる。基本的に氷は入らないので、生水を飲むことに

インドの青果店では豊富な種類のフルーツが売られている

もならない。

数ある果物の中で、インドを代表するものといえば、やはりマンゴーをおいて他にない。濃厚な甘さと芳醇な香り、滑らかな食感は、黄色やオレンジといった明るい色とも相まって、まさに「フルーツの王様」と呼ぶにふさわしい。カットしてそのまま食べてもよし、ラッシーやスムージーに入れるもよし、あるいはアイスクリームやケーキと、どれをとっても抜群の美味しさだ。

インドだけで数百種類もの品種があり、生産量もダントツで世界一だ。中でも「アルフォンソ・マンゴー」は国内外で知名度が高く、食べたことのある読者も多いのではないか。「アルフォンソ」という名前は、一六世紀初頭に今日のインドのゴアを拠点に活動したポルトガルのインド総督、アフォンソ・デ・アルブケルケにちなんでいる。後年、イエズス会のポルトガル人宣教師がインドでマンゴーの栽培技術を伝授したことで、この品種がゴアやボンベイ(現ムンバイ)など各地に広がっていった。現在では、コンカン地方と呼ばれるマハーラーシュトラ州やゴア州、カルナータカ州の沿岸部のほか、グジャラート州でも栽培されている。

グジャラート州南部のギルナールが主な生産地の「ケサリ・マンゴー」は明るいオレンジ色で丸みを帯びた形が特徴だ。「ダシェリ・マンゴー」は、アルフォンソやケサリに比べると小ぶりだが、甘さも十分にある。ウッタル・プラデーシュ州が主な生産地で、根強い人気がある。品種にもよるが、毎年四月ごろから出荷が始まり、七月ごろまで青果店やスーパーの果物コーナーは何種類ものマンゴーで彩られることになる。

デリーでは、毎年七月に「マンゴー・フェスティバル」が開かれる。インド各地から生産者が自慢のマンゴーを出品し、試食や購入ができる人気イベントだ。新型コロナウイルスの感染拡大で中止されていたが、二〇二三年には三二回目となるフェスティバルが復活し、三

マンゴー・フェスティバルには多種多様なマンゴーが並ぶ

〇〇種類以上のマンゴーが集結したという。筆者も一度、デリー郊外のジャナクプリにあるディッリー・ハート（市内中心部にも同名の施設があるが、それとは別）に、このイベントを見学しに行ったことがある。緑から黄色、オレンジまで色とりどりで、サイズも大小さまざまなマンゴーがずらりと並ぶ様子は壮観だった。ちなみにこのフェスティバルではマンゴー早食い競争も行われている。制限時間が不明だが、二〇二三年の競争で優勝した男性は約一・二キロのマンゴーを食べ、賞金三〇〇〇ルピーを獲得したという。

しかし、マンゴーがインドの専売特許かというと、そんなことはない。お隣のパキスタンでも、マンゴーは「わが国のフルーツ」なのである。実際、筆者はパキスタンのイスラマバードに駐在していた二年間で、インド時代と同じくらい頻繁にマンゴーを食べた。インドと同様、パキスタンのマンゴーも種類が豊富で、中でもパンジャーブ州や南部のシンド州で栽培される「アンワル・ラトル」という品種が有名だ。二〇一四年九月には、当時パキスタン首相だったナワーズ・シャリーフ氏が、インドのモディ首相やその他政府首脳にマンゴーを贈ったことがあったが、そのとき採用されたのもこのアンワル・ラトルだった。シャリーフ首相の贈り物はぎくしゃくしていた印パ関係を改善したいというメッセージだった。だが、その後も両国間では対立が続いており、マンゴーのように甘くはいかなかった。

こうしたパキスタンによる「マンゴー外交」の試みは過去にも行われており、同国のマンゴーに対する誇りがにじみ出ている。しかし、インドからも「自分たちのマンゴーが一番」という声が上がっている。二〇一五年、シヴァーム・ヴィジ氏というインド人男性がウェブメディアに、「なぜインドのマンゴーはパキスタンのマンゴーより優れているのか」と題した記事を寄稿した。それによると、アンワル・ラトルは元々インドのウッタル・プラデーシュ州西部のラトル村原産であり、印パ分離独立より前に生産者が今日のパキスタン側パンジャーブ州に移住した際に故郷のマンゴーの苗木を植えたのが始まりだという。ヴィジ氏は「われわれの身体は自分たちが食べるマンゴーで出来ている」とすら主張している。彼の批判の矛先はパキスタンのマンゴーだけでなく、インド国内のマンゴーにも向けられる。自分のお気に入りはダシェリ・マンゴーとした上で、アルフォンソ・マンゴーは甘すぎで過大評価されているというのだ。インド人のマンゴーへの思い入れの強さを示す一例と言えるだろう。

インドならではは、という果物もいくつか紹介しよう。ひとつはジャムン。外見はブラックベリーのようだが、粒はそれよりも大ぶりだ。酸味と苦みとほのかな甘みが同居し、栄養価も高いとされる。もうひとつはチクー。メキシコ原産で、スペイン人によってまずフィリピンに、さらに東南アジアやインドに広がっていった果物で、インド以外では「サポジラ」という名前で通っているようだ。丸くて黄土色と、外見こそ地味だが、そこから受ける印象と

は対照的に果肉は甘みたっぷりで、日本人はチクーの味を干し柿に例えることが多い。

「世界一甘い」「異次元の甘さ」と言われるインドスイーツ

食事にドリンク、フルーツと来たら、締めはデザートだろう。

ここでもインドは強烈だ。とにかく甘いのである。その中でも「グラブ・ジャムン」は衝撃的で、「世界一甘い」とか「異次元の甘さ」と形容されることが多い。乳固形分と小麦粉、そして砂糖を混ぜ合わせたものをゴルフボール大に成形する。それを油で揚げ、最後には砂糖たっぷりの濃厚シロップに浸して出来上がり。球形のドーナツのシロップ漬けと言い換えてもよいかもしれない。ちなみにグラブ・ジャムンの「ジャムン」はフルーツの項目で取り上げた「ジャムン」のこと。ただし実際にジャムンが入っているわけではなく、丸い形と大きさの例えとして用いられているようだ。

筆者もインドで食後のデザートに出されたグラブ・ジャムンを食べることがよくあるが、とにかく甘い。シロップが中まで染み込んでいるので、最初から最後まで甘いのだ。しかし、不思議とくどさはない。シロップにスパイスも入っているのか、爽やかな味わいもある。とはいえ、糖分を考えると二個か三個くらいにしておくのが良いだろう。それにしても、スパイシーな料理を食べた後に突き抜けた甘さのデザートという組み合わせは、対極にあるものが併存するインドの特質をよく表していると感じている。

ジャレービーもポピュラーだ。熱した油に小麦粉ベースの生地を渦巻き状に流し込んで作るオレンジ色の揚げ菓子で、屋台などでもよく見かける。これも最後は砂糖のシロップに漬け込むので、甘さがぐっと深まる。

さすがにそこまで甘いスイーツは……という場合には、「クルフィ」というマイルドな選択肢もある。一言でいえばインド版棒アイスで、さっぱりした味わいで甘さも控えめなものが多い（棒付きではないバージョンもある）。一般的なアイスクリームと比べると、固くて、溶けにくいという特徴もある。さまざまなフレーバーがあるなかで、筆者のおすすめはピスタチオだ。クラッシュしたピスタチオが練り込まれているか、後からかけられた状態で楽しめる。また、「チッキ」はナッツやゴマをカラメルソースで成形したもので、日本にあるお菓子とも似ている。砂糖も入っているが、ナッツとの相性が絶妙で、日本人の口に合うのではないかと思う。

ところで、こうしたインドスイーツを日本にいながらにして楽しめる店が東京にある。二〇一九年に西葛西にできたインドスイーツ専門店、「トウキョウ ミタイワラ」だ。「ミタイ（ミターイー）」は「お菓子」「スイーツ」、「ワラ（ワーラー）」は「〜屋」「〜売り」を意味する。ここですでに紹介したもの以外にも、インド版羊羹とでも言うべき「バルフィ」やドーナッツに近い「バルシャヒ」など、何種類ものスイーツがショーケースに陳列されている。サモサをはじめとする軽食も用意されている。

四ツ谷にあるインド料理店「ムンバイ」も、インドスイーツが食べられることで有名な店のひとつだ。二〇一八年一一月、同店の一階が「ザ・インディア・ティーハウス」となったのだが、その二周年記念として開かれた「インドスイーツ食べ放題&マサラチャイおかわり し放題」企画に行ったことがある。ワンプレートで数々のスイーツを試すことができたなかで、筆者がとくに気に入ったのは「アップルグジャ」だった。一見すると揚げ餃子なのだが、中にはリンゴがたっぷり入っている。さしずめ「インド版アップルパイ」と言えるだろう。さらに、二〇二二年一〇月には同店の二階がリニューアルされ、ラージャスターン州の宮殿を思わせる、ブルーの内装が印象的な空間に生まれ変わった。ここでは、インド式のアフタヌーンティーが提供されている。マサラチャイを飲みながら、インドスイーツに舌鼓を打つ午後はいかがだろう。

〈コラム〉もうひとつの穴場?——インド屋台料理

インド料理の魅力はレストランだけにとどまらない。街角の一角やマーケットにある屋台の料理は、気軽に楽しむことができるスナックから、それだけで満腹になるボリューム満点のストリートフードまで多種多様だ。

パーニープーリー(パニプリ)はインド各地で見かけるスナックだ。ゴルガッパというパンジャーブ語の名前で呼ばれることもある。ゴルフボール大で中が空洞の揚げパン(プーリー)に穴を空けて、中にお好みでさまざまな具材(パーニーは「水」の意味で、ここでは液体やペースト状のソースを指す)を入れて食べる。本章でも触れたジャルジーラ、ミントやタマリンドのチャツネ(ペースト)のほか、アルー・マサラ(カットした蒸しジャガイモや茹でたひよこ豆、玉ねぎのスライスなどをスパイスであえたもの)が定番の具材だ。パーニープーリーの屋台には、ケースにプーリーがぎっしりと詰められていて目立つので、すぐにわかる。このように元はストリートフードだが、レストランやパーティーで前菜的なかたちで供されることもある。

このパーニープーリー、日本とインドの外交舞台で象徴的なアイテムになりつつある。

屋台やフードコートで食べられるスナックもインド料理の魅力だ

岸田文雄首相が二〇二三年三月にインドを訪問した際、モディ首相からパーニープーリーをすすめられたのだ。このときモディ首相は、岸田首相をデリー市内のブッダ・ジャヤンティ・パーク（仏陀生誕記念公園）に案内した。献花の行事を済ませた両首脳は特設のテントに移り、そこでまずラッシーを飲んだ。次いで、パーニープーリーをほおばる様子を捉えた動画がモディ首相のツイッター（現X）アカウントにアップされたのだ。

パーニープーリーを食べる時は、コツというほどでもないが、一口で食べきらなくてはならない。さもなければ、中に入っているジャルジーラなどがこぼれてしまうからだ。その点、岸田首相は手際よく一口で食べ、「ワン・モア、ワン・モア」とリクエストしていた。この動画は他のアカウントでも拡散された。さらには、日本の鈴木浩駐インド大使も訪問先のヴァラナシでパーニープーリーをほおばる様子の動画をアップした。料理を通じてインドへの親近感をアピールする「パーニープーリー外交」と言えるかもしれない。

パーニープーリーと並ぶ定番のストリートフードは、サモサだろう。茹でてマッシュしたジャガイモやグリーンピースなどの具材にスパイスをきかせ、それを小麦粉にギーやスパイスを混ぜ込んだ皮で包み、三角形に成形したものを揚げて作る。カシューナッツが入っていると食べるときに歯ごたえがあって良いアクセントになるし、チーズを入れてまろやかにしたものもある。挽肉を入れたノンベジバージョンで作ることも可能だ。二、三個食べればそれだけで満腹感がある。揚げ物系では、パコラと呼ばれる「インド版天ぷら」もポピュラーだ。具はジャガイモや玉ねぎ、ナスなどの野菜が基本で、かき揚げと同じタイプのものもある。街中でお酒を飲むわけにはいかないが、レストランで食べる場合は、サモサやパコラとビールの相性は抜群だ。

最後に紹介するのは、チキン・カティ・ロール。元はコルカタはじめベンガル地方の名物で、デリーだと南東部にあるベンガル人エリア、CRパークで食べることができる。カティとは「棒」の意味で、鶏肉を串に刺してケバブにするところから来ているという。

熱した鉄板に生地を流し、クレープのように円形にして両面を焼く（オプションで溶き卵を加えることも可能）。そこにあらかじめカットしたチキンや玉ねぎのスライス、何種類ものソースを加え、手際よく織り込んでできあがり。チキンのうまみとスパイシーな味付けが絶妙で、あっという間に平らげてしまった。ノンベジなら他にもマトンや魚があるし、ベジでもパニールやジャガイモ、豆をメインの具材としてチョイスすることができる。ぜひ試してほしい一品だ。

第五章

「インド中華料理」

——近現代史のなかで起きたガラパゴス化

「インドの中華料理」ではなく「インド中華料理」

世界中どこに行ってもある可能性が高い料理をひとつ挙げるとすれば、それは中華料理になるだろう。中国系の移民や留学生が多い国はもちろん、まさかこんなところに、という場所でも中華料理店の看板を見かけることが少なくない。個人的な話になるが、二〇〇一年にアフリカ・タンザニアのザンジバルを旅していたとき、中国人経営の中華料理店を見つけ、入ったことがあった。さすがに何を食べたかまでは記憶に残っていないが、インド洋に面したアフリカの島で中華料理を食べられるとは、と不思議な思いをしたことをいまでも覚えている。

世界各地の中華料理がどこも同じというわけではない。国外に伝播していくなかで、現地の味覚や食材、事情に適応し、さまざまな変貌を遂げていった。日本の中華料理はその代表例と言えるだろう。いわゆる「町中華」の店には、日本オリジナルのメニューがいくつもある。「天津飯（天津丼）」は中国の天津にも他の都市にもないし、「エビチリ」も同様だ。

ろう。

「冷やし中華」や「中華丼」も本場中国では食べられていない。ラーメンにいたっては、元々の「拉麵」が「支那そば」になり、さらに「ラーメン」という日本の国民食として認識されるまでになった。ニューヨークのラーメン店を見て、中華料理と受け取る人はいないだろう。

インドでもご多分に漏れず、中華料理がある。インド人はインド料理ばかり食べていると思われがちだが、実は中華もポピュラーな料理として都市部を中心に定着している。ただ、その「中華料理」がかなり独自の進化を遂げているという点が特徴的だ。一見した限りでは「これは中華だろうか?」と思うものもある。

筆者は二〇〇一年から二年間、仕事で中国の北京に住んでいたことがある。したがって、それなりに「本場」の中華料理は知っているつもりだ。首都だけに四川料理や広東料理といった有名どころはもちろん、雲南料理や貴州料理をはじめとしてややマイナーな料理もあれこれ試してきた。出張や観光で地方を旅した際、地元の料理を食したのは言うまでもない。その経験があるだけに、インドで遭遇した中華料理はなかなか衝撃的だった。

こうした料理をインドでは「インディアン・チャイニーズ」、つまり「インド中華料理」と呼んでいる。これは「インドの中華料理」というよりは、中華料理がインド化した結果としての「インド中華」なのである。インド料理本でなぜ中華をと思った読者もいるだろうが、

デリー市内のインド中華屋台

本書でこのジャンルを取り上げるのはこのためだ。実際インドでは多くのインド料理店で、メニューの最後のほうに「CHINESE」というコーナーがある。筆者は経験がないが、やろうと思えばダール・マカーニーとチャパーティーと一緒に、フライドライス（炒飯）やチョウメン（炒麵）を頼むことだって可能なのである。本章では、「インド料理としての中華料理」について詳しく紹介していくことから始めたい。

インドで生まれた「マンチュリアン」

では、インド中華にはどのようなメニューがあるのか。筆者が何人かと一緒に、デリーの中華料理店へ夕食を食べに行ったとしよう。そのときのオーダーは次のようなものが考えられる。

- スイート・コーンスープ
- チキン・ロリポップ
- ゴビ・マンチュリアン
- チリ・パニール
- シェズワン・フライドライス

●アメリカン・チャプスイ
●デーツ・パンケーキ

いかがだろうか。中華料理としてかどうかは別に、ある程度イメージが湧くものもあるかもしれないが、ほとんどは見当がつかないはずだ。「チリ・パニール」にいたっては、元からインド料理にありそうな気すらする（しかし、これもれっきとしたインド中華料理である）。この中で「引っかかる」キーワードがあるとすれば、そのひとつは「マンチュリアン」ではないだろうか。

マンチュリアンとは「満洲の」「満洲人」といった意味だ。では、これは満洲料理を表すのかというと、そうではないのだ。そもそも、「満洲料理」というジャンルが中国にないわけではないが、東北料理や北京料理に取り込まれており、単独の料理としての認知度は正直なところ高くない。

実はこのマンチュリアン、中国ではなくインド発祥なのだ。考案したのは、ネルソン・ワンという中国系インド人。漢字では黄玉堂と書く。インド中華料理を語る上で、欠かすことのできない人物だ。バターチキンやダール・マカーニーを考案したモーティー・マハルのオーナーたちと同じような存在と言えるだろうか。あるいは、日本で代表的な「中華料理」になっているエビチリを料理人の陳建民が考案したという話とも通じるところがある。

トン・アチューとネルソン・ワン――中国系移民の歴史

ワンとマンチュリアン考案の物語の前に、インドでの中国系移民の歴史について整理しておこう。

インドに中国人がやってきたのは、一八世紀後半とされる（時を遡れば三蔵法師こと玄奘が七世紀にインドを訪れているが、ここでは定住者に限って話を進める）。中国大陸南部出身のトン・アチューがカルカッタ（現コルカタ）に来たのが嚆矢《こうし》という。一七七八年、トン・アチューはイギリス東インド会社からカルカッタ郊外にある、フーグリー河に面した土地を貸与され、他の中国人とともに製糖業を始めた。その地は現在「アチプール」という名がついているが、アチューにちなんだもののようだ。また、カルカッタを含むベンガル地方で話されているベンガル語で精製された砂糖のことを「チーニー」と呼ぶそうだが、これは「中国人」という意味でもあり、初期の移民の主要な生業であったことがうかがえる。

アチューは一七八三年に亡くなり、その後中国系移民はカルカッタに拠点を移した。こうした中国系がなぜインドを目指したのか。共通の要因があったというよりは、中国国内の混乱から逃れたり海外で商売を営もうとした人びとが、現代で言う東南アジアの延長線上でインドにも進出していったのではないかと考えられる。一九世紀以降、市内中心部のティレッタ・バザールと呼ばれる地域にチャイナタウンが出来ていき、その過程で中華料理店も増えていった。初期の移民は客家《はっか》人が大半を占めていたようで、いまでも「ハッカ・ヌードル」というインド中華の定番料理に名を残している。彼らの多くは皮革業や靴製造業、理容業に従事した。

ティレッタ・バザールには一時期、二万人の中国系が住んでいたとされるが、しだいに廃れていった。代わって彼らが拠点としたのはタングラというカルカッタ郊外の地域で、ここは今日でも「インド唯一のチャイナタウン」として現存している。

ネルソン・ワンが生まれたのも、このタングラだった。時は一九五〇年。インドが独立してからまだ数年しか経っていない頃だ。両親ともに中国系移民だったが、生後まもなくして父が他界し、ワンはやはり中国系の里親に引き取られることになった。新たな父親はシェフで、ワンは料理への興味を抱いていった。

ワンが成長していった時期は、インドと中国の関係悪化と重なっていた。インドは独立後、中国と蜜月関係にあった。冷戦構造のもとで、西側にも東側にも与しないアジア・アフリカ諸国の連帯――今日で言う「グローバル・サウス」に通じるものがある――をともに掲げていたのである。インドのジャワーハルラール・ネルー首相と中国の周恩来首相は、その運動の旗手と位置づけられていた。ところが、一九五〇年代後半になると、その紐帯には早くもほころびが目立ってくる。国境問題やチベット問題をめぐり双方は対立を深め、六二年には人民解放軍が印中東部および西部国境でインド側に侵攻するにいたった。戦争そのものは一か月で終わり、中国側は撤収したものの、インド側は強烈な対中トラウマを植え付けられた。その後、険悪な状態は数十年にわたりつづいていった。

これに関連して思い出すのは、デリーにある「フジヤ」というレストランだ。筆者は二〇〇八年に現地に赴任して間もない頃、同僚にこの店に連れていってもらったことがある。名前からすると日本料理のようだが、インド中華料理が主体の店だった。内装も和風というよりは、中国を思わせる雰囲気が漂っていた。開業は一九六九年というから、印中関係が冷却化していた時期のことだ。「ペキン」や「シャンハイ」、「チャイナ」といった中国の固有名詞を使わず、あえてメインではない日本料理を想起させる店にしたのは、インド人客の反応を考えてのことだったただろう。なお、一九九三年開業と時代は後になるが、デリーにはこれと似たパターンとして、「イチバン」という、インド中華料理がメインで日本料理も出す店がある。

ワンの青春時代に話を戻す。国境紛争後の対中感情の悪化を受けて、彼の里親はカナダに脱出することにした。ワンにも付いていく選択肢はあったが、彼だけはインドにとどまる道を選んだ。彼はカルカッタを去ることにし、一九七四年にボンベイ（現ムンバイ）に向かった。このとき、手持ちの現金はわずか二七ルピーだったという。ワンは糧を得るため、さまざまな仕事――リンボーダンスのダンサーまでやったという――をした。しかし飲食業に携わりたかった彼はあるレストランに勤めていたとき、ある客からスカウトされ、インド・クリケット・クラブでシェフとして働くようになった。

これがワンにとって――ひいてはインド中華料理にとっても――転機となった。ある日、クリケット・クラブの客から、これまでにない新しい料理を作ってくれないかというリクエストがあった。そこでワンは、鶏肉を青唐辛子やにんにく、ショウガで炒め、ソイソース（中国醤油。日本の醤油よりも濃い）で味付けし、片栗粉を使ってとろみを付けた品を開発した。彼はこの新作を「チキン・マンチュリアン」と名付けた。

なぜ「マンチュリアン」と名付けたのかははっきりとしていない。青唐辛子が使われているだけに辛めなのだが、それが満洲料理の特徴というわけではなさそうだ。日本でも「南京錠」のように、その地名とは直接関係がなくても「中国」を意味するものはある。マンチュリアンもそうした文脈で決まったのかもしれない。

いずれにしても、チキン・マンチュリアンは大ヒットした。ワンは一九八三年に独立し、「チャイナ・ガーデン」という中華料理店をボンベイにオープンした。チキン・マンチュリアンが看板メニューになったのは言うまでもない。その後、他の店もこの「中華料理」を取り入れていき、インド中華を代表する存在にまでなった。ヴィール・サングヴィ氏はチキン・マンチュリアンについて、「インドの中華料理店でもっとも頻繁にオーダーされる料理だろう」、「この一品ほどわれわれを魅了するものはほとんど見当たらない」と書いているくらいだ。

ワンのチャイナ・ガーデンでは、他にも数々の独自メニューが考案された。「チキン・ロリポップ」は、一口サイズの骨付きチキンを香辛料でマリネしたものに衣をつけて揚げた料理で、前菜の定番だ。「スイート・コーンスープ」はまろやかな味わいで、辛い料理がつづきがちなインド中華の中で、良い箸休めになる。デザートには「デーツ・パンケーキ」。その名のとおり、デーツから作るケーキで、白ごまがふられている。バニラアイスクリームを乗せて出されることも多い。

なお、メニュー案に示した「ゴビ・マンチュリアン」の「ゴビ」とは、「カリフラワー」のことである（ゴビ砂漠とは何の関係もない）。ベジタリアンでも食べられる、肉を使わないバージョンだ。衣づけをしたカリフラワーを揚げて、マンチュリアンの味付けで炒めるのだが、それが衣にほどよくからみ、絶品だ。実はこのゴビ・マンチュリアン、発祥は「ラヴィ・ゴビのビンドゥー・チャイニーズ・センター」という、ベンガルール（バンガロール）

にある一九九九年創業の小さな店だという。いつか必ず訪れたい店のひとつだ。

「シェズワン」——インド中華はもちろん、地元料理にも

前出のオーダー案でピンとこないもうひとつのキーワードは、「シェズワン」ではないかと思われる。しかし、これもまたマンチュリアンと並び、インド中華を代表する味付けなのである。

正確にいつだったかは覚えていないが、筆者が初めてシェズワン味に接したときのことを記憶を遡って記すことにする。そのときオーダーしたのは「シェズワン・チキン・フライドヌードル」、つまり一種の焼きそばだったと思う。英語のメニューには、「Schezwan Chicken Fried Noodle」と記されていたはずだ。最初はそもそも何と発音するのかもよくわからなかったが、これは「Szechuan」あるいは「Sichuan」、つまり「四川《スーチュアン》」だろうということは見当がついた。実際そのとおりで、インドでは「Schezwan」の表記が一般的で、「シェズワン」と読むことを後で知った。筆者は中華料理の中でも四川料理が特に好きだ。インドで四川料理を食べるのもよいのではないか——そう思ったのだ。

出てきた料理は、オレンジ色をした焼きそばだった。フォークでパスタを食べるようにして口に入れると、鮮烈な辛さが広がった。赤唐辛子だ。にんにくやソイソースの味もほのかに感じ、炒めた麺や野菜、鶏肉とよく合う。だが、これが「四川料理」かというと、首をかしげざるをえなかった。というのも、四川料理に欠かせないあるスパイスが欠けていたからである——そう、花椒《ホアジャオ》だ。あの独特の「しびれ感」がなかったのである。「辣《ラー》」ではあったが、「麻《マー》」ではなかったのだ。その後、現在に至るまでデリーを中心にインドのあちこちで「シェズワン味」の炒麺や炒飯を試してきたが、花椒が入ったものに出会ったことはない。

花椒のないシェズワン味とはいったい何なのか——以前からそう不思議に思っていた。そんな筆者の疑問に解答を示してくれたのは、アラブ首長国連邦（ＵＡＥ）・ドバイの英字紙、『ガルフ・ニュース』電子版で二〇二二年六月に掲載された記事だった。「四川からコルカタへ——シェズワンの旅」というその記事によると、著名なインド人シェフ、ランヴィール・ブラル氏の動画にもとづく話として、ムンバイのノボテル内の中華料理店「サンパン」で料理長を務めるペンパ・ツェリン——名前からするとチベット系のようだ——が三〇年ほど前にシェズワンを考案したという。ただ、コルカタのタングラではさらに前からシェズワンがあったという説も示されており、断定はしていない。

このシェズワン味、自宅でも再現できる。というのも、「シェズワンソース」や「シェズワンペースト」が市販されているからだ。筆者もインドでペースト版を買って試したことがあるが、これを普通の炒飯に加えると、たちまち「シェズワン・フライドライス」に変わる。

シェズワンのインパクトの強さを物語るのは、インド中華料理という枠を超えて通常のインド料理でも用いられている点である。たとえば南インド料理のドーサ。店にもよるが、「プレーン・ドーサ」、「マサラ・ドーサ」、「アルー・ドーサ」につづき、「シェズワン・ドーサ」があったりする。ちなみに、筆者は未食だが、「シェズワン・ヌードル・ドーサ」まであるという。パウ・バージーという、パン（マラーティー語でパウ）を野菜（マラーティ語でバージー）の煮込みペーストにつけて食べるムンバイ発祥のストリートフードにもシェズワン味のものがあり、シェズワン・パウ・バージーという。

「アメリカン」なインド中華料理

本章のテーマはインド中華料理だが、そこに「アメリカン」を冠した一品があるのを見ると、多くの読者は違和感を覚えるにちがいない。さらに言えば、「チャプスイ」というのも聞き慣れないのではないか。

「チャプスイ」はアルファベットで「chopsuey」と表記される。筆者はこの「chopsuey」に見覚えがあった。一九九二年にアメリカ・ワシントンDCの高校に留学していたときのことだ。ホームステイをしていたホストファミリーが、日本人の筆者にとって懐かしい味を、との親心から中華料理店にデリバリーを頼んでくれたことが何度かあった。紙製の縦長の箱に入っていた料理のひとつに、ニンジンやセロリ、玉ねぎやもやしといった野菜、それに肉を炒め、水溶き片栗粉であんかけ状にしたものがあった。八宝菜にも似たこの料理が「chopsuey」だった。これをライスやチャーハンと一緒に食べていた。

この「チャプスイ」、アメリカの中華料理では定番中の定番と言える一品になっているが、中国には存在しない。ルーツは広東省台山にあるとされるものの、一九世紀に中国からアメリカに来た移民によって考案されたというのが定説になっている。漢字では「雑碎」と書く。「インド中華料理」ならぬ「アメリカ中華料理」というわけだ。余談になるが、アメリカ中華チェーン「パンダエクスプレス」が二〇一六年に日本再上陸を果たし、九店舗を展開するまでになっている。オレンジチキンやモンゴリアンポーク、クリームチーズラングーンなど、本国とも日本の中華とも違う「中華料理」をカジュアルなスタイルで楽しむことができる。

さて、そうしたアメリカでの記憶があっただけに、インドの中華料理店で「アメリカン・チャプスイ」を発見したときには、懐かしい気持ちになった。ぜひ試してみようとオーダーしたのだが、運ばれてきた料理を見ると、どうもアメリカのチャプスイとは違う。まず見た目が違う。オレンジ色なのだ。食べてみると、ケチャップで味付けがされていた。ビジュアル面でもうひとつの特徴は、上に目玉焼きが乗せられていることだ。具材に目を転じると、複数の野菜を使うところは一緒だが、インドなので肉は鶏肉になる（チャプスイでマトンが使われているのはこれまで見たことがない）。これを麺にかけて、あるいは最初からかけられた状態で出てくるのだが、その麺はかた焼きそばのように揚げたタイプのものだった。

そう、名前こそ同じ「チャプスイ」で、しかも「アメリカン」となってはいるものの、アメリカのチャプスイとはかなり違ったものになっていたのである。アメリカの旅行誌『コンデナスト・トラベラー』（インド版）はこの料理について「インディアン・アメリカン・チャプスイ」と呼んでいるほどだ。同記事はその起源について、次のような説を紹介している。第二次世界大戦中、インドには約二〇万の米軍が連合軍として駐留していた。本部は当初デリーに、その後一九四五年にカルカッタに移った。そこで米兵が現地の中華料理店に行き、「チャプスイ」を作ってくれないかとリクエストした。店側は、アメリカ人の味覚に合わせたものにしようと気を利かし、ケチャップで味付けして目玉焼きをトッピングし、揚げ麺を使うことにした。それが好評だったため、店のレギュラーメニュー入りし、インド中華を代表する一品になった――というものだ。真偽のほどはわからないが、あり得そうな話ではある。いずれにしても、中華料理がアメリカで独自の進化を遂げて定着し、それがインドにもたらされた、ということになる。一つの皿に、米中印という世界三大大国の歴史が詰まっていると思うと、なかなか感慨深いではないか。

「インドの」アメリカン・チャプスイ

在日インド人も求めるインド中華

インド人の海外進出が盛んになるにつれて、外国でもこうしたインド中華料理を出す店が出てきた。ニューヨークには郊外にコルカタのチャイナタウン、「タングラ」の名を冠した店がある。ニュージャージー州中部のエディソンとイセリンにまたがるオーク・ツリー・ロードは「リトル・インディア」として知られており、ここでは二〇以上の店がインド中華料理を出すという。

実は日本でもインド中華料理を食べることができる。庶民的なインド料理店だと、店頭に写真入りでメニューを紹介したボードがあることが多いが、その片隅に「チャーハン」や「チョウメン（焼きそば）」があれば、それはインド中華の可能性が高い。さらに本格的なもの──「本格インド中華」という言い方は少々おかしいかもしれないが──を求めるとすれば、在日インド人が多く住む東京都江戸川区西葛西や江東区大島、千葉県市川市行徳近辺のインド料理店に行けば、それに応えてくれる店がいくつかある。

筆者が時々行く店のひとつに、都営新宿線・西大島駅近くの「マハラニ」がある。ここは「南インド料理」を掲げていると同時に、インド中華のメニューも充実している。チキン・マンチュリアンやシェズワン・フィッシュ、そしてアメリカン・チャプスイもある。南インド料理店だけに、「シェズワン・マサラドーサ」があるのもうれしい。店内を見渡すと、インド人客の比率が高いことがわかる。日本人が海外生活で寿司や天ぷら、うどん・そばだけでなく、時には町中華の味を恋しがる時があるように、インド人も食べ慣れた「中華料理」を求めるのかもしれない。

チベット料理のモモも浸透

中華料理とは別に、インドではチベット料理もポピュラーだ。インド最北部のラダック地方や北東部のアルナーチャル・プラデーシュ州、シッキム州などはチベット文化圏に含まれる。したがって、民族的にも文化的にも多くの人がイメージする「インド」とはかなり異なる──もちろん料理もだ。

よく知られているチベット料理のひとつに、「トゥクパ」がある。うどんのような麺料理で、日本人の口によく合う。「テントゥク」はこねた小麦粉をちぎってスープに入れたもので、「チベット版すいとん」と言える。そしてチベット人の食生活を語る上で外せないのが「ツァンパ」だ。裸麦を煎ってから挽いて粉にしたもので、日本の「麦焦がし」に似ていると説明されることが多い。これにバター茶を入れて、手でこねて団子状にしたものがチベット人の主食なのである。ちなみに、東京・四谷坂町にあるチベット料理店「タシデレ」では、このツァンパで作った「ツァンパ・ケーキ」、それに「ツァンパ・ヨーグルト」をはじめ、定番から創作まで、さまざまなチベットの味を楽しむことができる。

しかし「モモ」と呼ばれる餃子は、チベット人以外にも幅広く受け入れられたという点で別格の存在感を誇っている。モモは日本の餃子よりも皮が厚めで、中のあんはチベットならではのヤク肉のほか、チーズを入れたものもある。中国の場合、水餃子がメインだが、モモはスチーム（蒸し）だけでなくフライド（揚げ）もあり、日本の餃子に近いと言えるかもしれない。なお、タレはソイソースあるいはチリソースが一般的だ。

モモは今日、チベット地域だけでなくインドの都市部で一般的な料理になっている。インド中華料理店でもメニューに入っていることが多いし、モモの屋台もよく見かける。しかし、これは半世紀余りという比較的短い時間の中で、各地に普及していった結果である。

モモはインドでも広く食べられる。写真は蒸しモモ

伝統的には、ネパールのネワール族商人がチベット・インド間の交易に携わる中で、モモをインドに伝えていったと考えられている。ネパールではモモは自国料理の一部になっているし、シッキム（かつて王国だったが、一九七五年にインドに併合）はチベット文化圏であると同時に交易路でもあった。こうした地域からモモが広がっていったというわけだ。

これがさらに広範囲に及ぶようになったきっかけが、

一九五九年に起きたダライ・ラマ一四世のインド亡命である。チベットは周囲をヒマラヤ山脈はじめ山々に囲まれた仏教国で、二〇世紀半ばまでは事実上の独立状態を保っていた。しかし四九年に成立した中華人民共和国はチベットを「平和解放」し、一自治区として自国の統治下に組み込んだ。当初はチベットの伝統的制度が尊重されることになっていたがその約束は骨抜きになり、チベット人の不満が高まっていた五九年三月、首府ラサで騒乱が発生し、伝統的最高指導者のダライ・ラマは事態のエスカレートを避けるべくチベットから脱出し、伝統的に関係の深いインドに庇護を求めた。彼を追って多くの政府・僧院関係者、それに民衆がつづいた。

インド政府はダライ・ラマらに対し、北部ヒマーチャル・プラデーシュ州にある避暑地ダラムサラを拠点として提供したほか、続々と国境を越えてくるチベット難民向けに「セツルメント」と呼ばれる入植地を国内各地に設置した。また、主要都市にも小規模ながらチベット人の居住区ができていった。デリーでも市内北部、ヤムナ川に面したマジュヌ・カ・ティラというエリアにチベット人コロニーがあり、料理店もいくつかある。こうした過程で、インドでは手に入りにくいヤク肉や牛肉ではなくチキンに切り替え、ベジバージョンを作るといった「適応」を経て広がっていった、というわけだ。モモの場合、他のチベット料理に比べて食べやすいという利点があったのだろう。

モモについて言えば、専門のファストフードチェーンもある。「Ｗｏｗ！Ｍｏｍｏ」といい、デリーの大型ショッピングモールの店舗では多くのインド人で賑わっている。この店が他と比べて大きく異なるのは、独創的なメニューの豊富さだ。スタンダードなスチームモモやフライドモモに加えて、モモをバンズではさんだ「モバーグ」、マカロニの代わりにモモを使った「ベイクト・モモグラタン」、そしてタンドーリ・チキンならぬ「タンドーリ・モモ」。ベジかノンベジかを選べるのは言うまでもない。「チョコレート・モモ」というデザートはさすがにやりすぎな感がしないでもないが、とにかく「モモづくし」なのだ。そしてここにも、「モモのシェズワン・ソースがけ」がある。モモのファストフード化とインド中華の増殖力。この分野の進化はこれからも続きそうだ。

ここはどこ？——米、魚、肉の北東部料理

中華、チベットにつづき、ここでもうひとつ変わったインド料理を紹介したい。インド北東部の食事である。

インド北東部は、アッサム、アルナーチャル・プラデーシュ、メーガーラヤ、ナガランド、マニプル、ミゾラム、トリプラ、シッキムの八州の総称だ。もともと七つの地域で「セブン・シスターズ」という通称があったが、王国だったシッキムが一九七五年にインドに編入し

て「シッキム州」となったことから、「ワン・ブラザー」と呼ばれることもある。

北東部がインド全体に占める割合は、人口（約四五七七万人）で四%にも満たず、面積で約八%と必ずしも大きくはない。しかし、中国やミャンマー、バングラデシュ、ネパール、ブータンと国境を接しているという点で重要な地域であり、近年では東南アジアへのゲートウェイとして位置づけられるようになっている。また、章末のコラムでも触れるように、第二次世界大戦で日本軍が展開した「インパール作戦」の舞台は、今日のマニプル州やナガランド州などの地域だ。

北東部は、民族的にも文化的にも、インドの他の地域とは大きく異なる。州によって濃淡はあるが、総じてモンゴロイド系の人びとが多い。インパールやナガランド州コヒマの市場にいると、ここはミャンマーやラオスではないかという気がするほどだ。その「東南アジア感」は、食文化にも現れている。インパールは周りを峻険な山々に囲まれ、南北に長い盆地の中にある。周辺を回ると水田が広がっており、稲作が盛んなことが見て取れる。北インドのような粉食文化圏ではないのである。また、インパール南方にはロクタク湖という、南アジア最大の淡水湖がある。ここで獲れる淡水魚は、この地域の食卓に欠かせないタンパク源だ。筆者も、現地の友人の家に招かれて夕食を振る舞ってもらったことがあるが、まさに魚の煮込み料理と白米、それに野菜の煮付けといった料理で、非常に親しみを感じた。

第三章で記したように、ベジタリアンの比率が高いインドだが、北東部の場合は様相が異なる。ナガランドやミゾラムではクリスチャンが人口の大半を占めるなど、ヒンドゥー教が多数ではない州もあり、またイスラム教の割合も限られていることから、肉食文化が見られるのだ。さすがに牛肉はあまり見かけないが、鶏肉や羊肉、鴨肉に加え、豚肉があるのが大きな特徴と言える。脂身の部分も含めた豚肉を煮込んだ料理があるのだが、これはまさに「豚の角煮」。ここでも主食は白米だ。

ナガランド州コヒマの町では、夕方になると路上に食材を扱う露天商が多数出る。川で獲ってきたであろう魚やエビに加え、タニシ、さらには生きたままのカエルがバケツに大量に入れられて売られていたのが印象的だった。他にも、ブドウやキュウリ、ネギといった青果、さらには黄色い何かの幼虫も目に入った。このあたりも、北東部ならではといったところだろう。

日本でもおなじみの「あの味」が北東部に

インド北東部の料理では、ぜひ触れておきたい食材がある。大豆を発酵させたもので、インパールでは「ハワイジャル」と呼ばれていた（地域によって呼び名にはバリエーションがある）。少々独特のくさみがあるが、それがまた鼻腔を刺激する。そう、納豆だ。

納豆は日本だけにとどまらず、アジア各地で食されている。とくに、ミャンマー北西部の国境に近い地域や中国雲南省や貴州省、そしてインド北東部に広がるエリアは、「納豆文化圏」を形成していると言える。また、筆者は試したことがないが、ネパールやブータンなどのヒマラヤ地域でも納豆があるという。

形状や食べ方はいくつかバリエーションがある。日本のように糸引き納豆を練り、野菜の煮込みに混ぜて白米のおかずとして食べるものから、納豆をすりつぶしてペースト状にし、さらに乾燥させて保存性を高めたものまで、さまざまだ。基本的には個人が作ったものをそのまま家庭で食べたり、市場に持ち込まれたものを買ったりというパターンのようだ。筆者も友人に食べてみたいとリクエストしたところ、近所の人に分けてもらったという、葉っぱに包まれた納豆を持ってきてくれた。聞けば、茹でた大豆をビワなどの葉で包み、高温で発酵させるのだという。日本の昔ながらの製法ではワラを使うことで納豆菌が豆にうつるが、インド北東部では葉を使うわけだ。

実際に食べた感想はどうだったかというと、においといい味といい、まさに納豆だった。醤油と辛子を入れたいところだったが、さすがにそれはなかった。トウガラシのきいたチャツネを薬味にすると、これがまたいける。野菜の煮込み料理に混ぜると、「納豆カレー」と言えなくもない。このハワイジャルことインド納豆、製品化もされている。「ドライ・ハワ

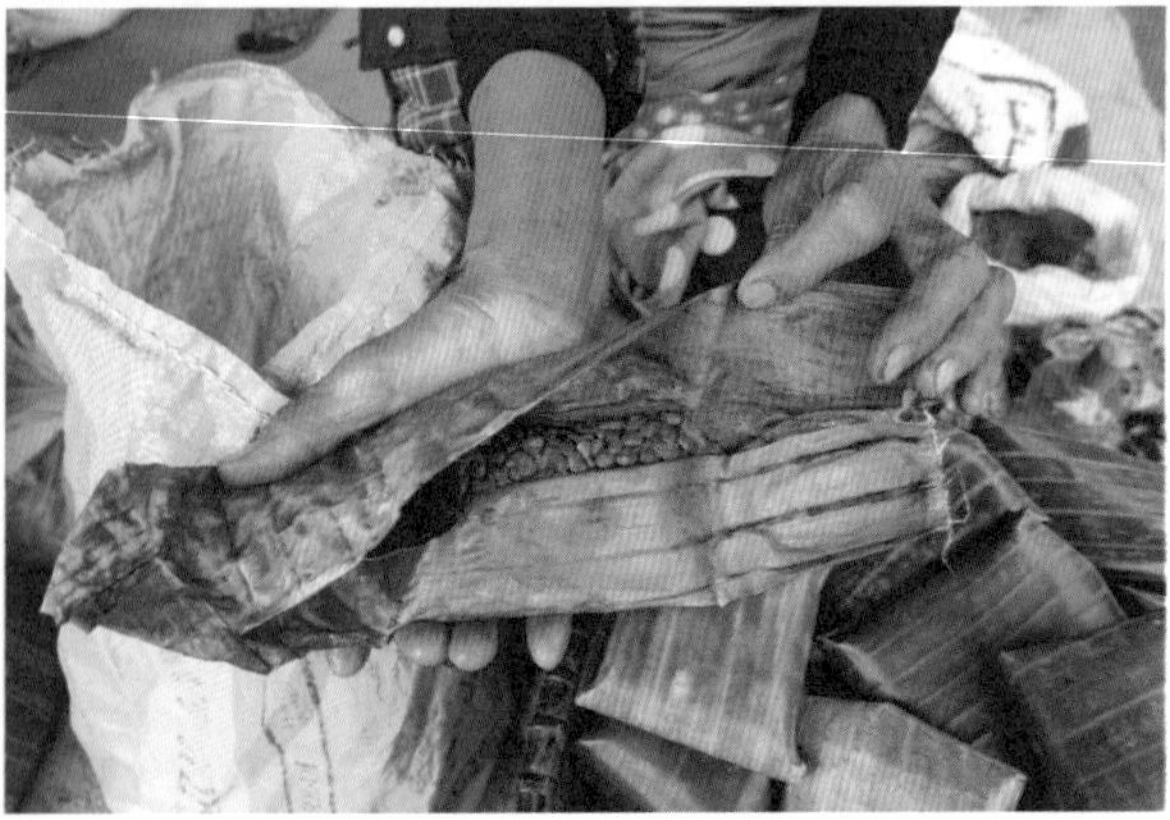

インド北東部の納豆。葉で包んで発酵させる
（延江由美子氏提供）

イジャル」、つまりドライ納豆があるのだ。筆者も購入して、実際に食べてみたことがある。レギュラーとチリがきいたスパイシーの二種類があり、味はまさにドライ納豆。ビールのつまみにもってこいだ。

インド北東部の料理は、他にも一般的なインド料理とは異なるものが多数ある。現地に行くのは少々ハードルが高いかもしれないが、首都のデリーではこうした地域の料理を専門にするレストランもいくつかあるので、スパイスをふんだんに使った料理とは違うものをと思ったら試してみるのもいいだろう。

〈コラム〉インパールで納豆を——日本兵はインド北東部で何を食べたか

香りというのは視覚とも味覚とも違う、独特の記憶をもたらす。短い期間であってもそれに触れた経験はその後も記憶に残り、当時のことを思い出させてくれる。

一九四四年に日本軍が行ったインパール作戦に参加し、生還した日本軍将兵の手記をいくつも読んでいると、食事に関する記述がところどころにあることに気づく。よく指摘されるように、この作戦は軍司令官が補給を軽視して推進したものだったが、前線では補給が途絶したことで将兵は筆舌に尽くしがたい苦境で戦ったり行軍したりすることを強いられた。とくに食料の補給がなかったことは文字通り死活問題で、作戦が長期化するなかで持参した米は底を突き、現地調達に頼らざるを得なくなった。

敵であるイギリス軍の食料庫を奪取する計画もあったが、それを察知した相手に事前に火を放たれたりガソリンをかけられたりして、思うようにはいかなかった。イギリス軍が航空機から空中投下した食料が標的からずれて自分たちの陣地に落ちたときには、「チャーチル給与」と呼んで重宝されたという。

作戦中止が決まり日本軍は撤退することになったが、依然として食料問題は解決していなかった。むしろ、さらに深刻になっていた。勢い、頼るのは現地の住民だった。ボロボロの日本兵に同情して食事を供したナガの人びととの思い出もあれば、有無を言わせず徴発したエピソードも伝えられている。

そうした記録に目を通していて筆者が以前から疑問に思っていたのは、納豆についての記述がないことだった。納豆独特のにおいは、祖国での食事の記憶とも相まって強いインパクトをもたらすのではないか。そして実際に食べてみれば、多少スタイルは違うとはいえ、それが紛れもなく納豆であることもわかるはずだ。しかし、そうしたエピソードにお目にかかったことは、これまでのところない。作戦当時は雨季だったが、納豆が作られない時期だったのだろうか。筆者にとっては、インパール作戦の「食」をめぐる未解決の疑問となっている。

生存者の手記を読んでいて、もうひとつ筆者の注意を引いた食材があった。ある軍医将校が記した『インパール進攻の夢破れて』という本に、作戦中止命令が出されて撤退する最中、ある芳しい「におい」がしたというエピソードが記されている。それは、松茸だった。著者や他の兵士は、塩も薬味もなかったが松茸を茹でて食べ、生き長らえることができたという。インド・ビルマ国境付近の山奥で日本ではなかなかお目にかかれない高級食材に遭遇するとは思ってもみなかっただろう。

これを読んだとき、筆者は驚くとともに意外な印象を受けた。というのは、ブータンなどで松茸が採れるという話はよく聞くが、インド北東部、ましてインパール作戦が展開された今日のマニプル州やナガランド州でというのは初耳だったからだ。日本人にとってはこれだけインパクトのある食材なのだから、他の手記にもあるのではと思って探しているが、これまでのところお目にかかったことがない。

インド側のウェブサイトでも調べてみたところ、「食用可能な野生きのこ類」としてさまざまなきのこが画像付きで紹介されている資料が見つかった。しかし、その一覧の中に松茸らしきものは見当たらなかった。インパールに行った際、戦史や地元の事情に詳しい現地のコーディネーターにも聞いてみた。彼は松茸がどういうものかは知っていたが、食べたことはないし、マニプルやナガランドで生えているという話も聞いたことはないという答えが返ってきた。

では日本兵が食べたあのきのこは何だったのか？　いくら極限状態だったとはいっても、松茸の香りは間違えようがない気がする。あるいは、松茸に限りなく似た香りと外見のきのこがインド北東部には自生しているということなのだろうか。謎は深まるばかりだ。今後現地に行くときも、このテーマはひきつづき調査を継続していきたい。

第六章

インドから日本へ、日本からインドへ

「恋と革命の味」が生まれるまで

インドがまだイギリスの植民地統治下にあった二〇世紀前半、国内では民族運動が各地で展開されていた。マハートマ・ガンディーが一九一五年に南アフリカから帰国し、インド国民会議を率いて非暴力・非協力の運動を展開したことはよく知られている。一方で、日本でも人気を博したインド映画『RRR』でも取り上げられたアッルーリ・シーターラーマ・ラージュのように、圧政に抗い、植民地当局に対して武装蜂起を行った者もいた。

こうした中で、日本がインド独立運動の一大活動拠点となっていた。一九〇四〜〇五年の日露戦争に勝利したアジアの独立国として、インドのみならずアジアの民族運動活動家から期待をかけられていた時期があったのである。

インドから日本に渡った活動家のうち、もっともよく知られているのは、ラース・ビハーリー・ボースだろう。なお、インド国民会議議長を務め、日本と連携して「自由インド仮政府」を発足させた独立運動指導者のスバース・チャンドラ・ボースとは別人で、血縁関係もない（以下、「ボース」と記す際はラース・ビハーリー・ボースのことを指す）。

反英の思いを強く抱いていたボースは、一九一二年にデリーで当時のインド総督、ハーディング卿を爆弾で殺害しようとするが、未遂に終わる。官憲に追われる身となったボースは国外脱出の道を選び、一九一五年に船で日本へと赴いた。しかし、当時の日本はイギリスと同盟関係にあり、総督暗殺未遂事件の犯人として東京でも追われる立場になった。そこで助けの手を差し伸べたのが、アジア主義者として知られ、政治結社・玄洋社を主宰していた頭山満だった。彼の差配で、ここなら疑われまいと匿ってもらうことにしたのが、当時はパンを販売していた中村屋だった。

ボースは中村屋の店主、相馬愛蔵と黒光夫妻の娘で、身の回りの世話をしてくれた俊子と結婚する。一九二七年に中村屋が新宿で喫茶部、いまでいうレストランを作ろうとすると、ボースはある提案をする。それは、相馬家への恩返しであるとともに、かねて抱いてきた日本のカレーライスに対する不満を解消するものでもあった。当時の日本のカレーはイギリス海軍から伝えられた欧風のもので、小麦粉が使われ、油も悪く、辛さばかりが先立つ代物だった。インドから来たボースにとっては、食べられたものではなかった。

インドカリーをメニューに加えよう、というのがボースの提案だった。なお、インド人の彼が「カリー（カレー）」という言葉を使っているが、これは日本の文脈を踏まえた対外的

中村屋の「純印度式カリー」

な呼称ということになるだろう。中村屋の説明によると、「純印度式カリー」と銘打ったカレーは、スパイスをきかせ、大きな骨付きの鶏肉が入ったものだった。ライスは当初インディカ米が採用されたが、日本人の口には合わなかった。そこで相馬夫妻は、代わりに白目米という、もちもち感とソースの染み渡りやすさを両立したタイプの米に切り替えた（ただし、白目米は栽培が難しく、他の品種に比べて収量も少ないことから、次第に姿を消していったという）。ボースが考案したこの一品は「恋と革命の味」、そして彼自身は「中村屋のボース」と呼ばれるようになった。

この「純印度式カリー」、今日にいたるまで中村屋の看板メニューになっている。メニューができた当時、中村屋に来た知識人たちはカリーを食べながら、ボースのエピソードを語ったという。筆者も新宿本店でこの一品を食べるとき、一〇〇年近く前の時代やボースに思いを馳せている。

その後のボースについても記しておこう。日本軍が一九四二年に南方を制圧すると、彼はインド独立連盟の議長として、バンコクを拠点に独立運動を展開していった。ただ、タイなどで活動していたインド人指導者からは日本に近すぎる存在と見なされ、組織の運営は必ずしも円滑にはいかなかったようだ。病魔に冒されていたこともあり、一九四三年にはドイツを経て日本に合流したスバース・チャンドラ・ボースに後事を託し、自身は身を引くことにした。その後日本で療養生活を送るが、一九四五年一月に世を去った。祖国インドの独立が実現するのは、その約二年半後のことである。

独立運動活動家が作ったインド料理店

日本を拠点としたインド独立運動活動家は、ほかにもいた。そのひとりに、ボースの右腕として活躍したA・M・ナイルがいる。「ナイル」というとエジプトに関係があるかに見えるが（実際、戦後にレストランを開業したときに勘違いされたという）、インド・ケーララ州の「ナーヤル（Ｎａｉｒ）」という上層カーストの出身だ。インドから日本に留学し、京都帝国大学を卒業したナイルは、当時の満洲でインド独立のための活動を展開した。

日本の敗戦後、極東国際軍事裁判（東京裁判）が開かれると、ナイルはインド出身のラダ・ビノード・パル判事の通訳を務めた。しかし、東京裁判が結審し、通訳の仕事もなくなると、彼は日本人の妻と二人の息子を抱え、生活の糧をどう得るかという問題に直面した。そこで彼が始めたのが、インド料理を出す「ナイルレストラン」だったのである。一九四九年のことだった。

ナイルが店を構えた場所は、東銀座だった。今日では銀座の延長で多くのレストランや高級ファッション店が並ぶエリアになっているが、戦後間もない当時は焼け野原で、屋台や夜店が並んでいたという。ナイルの息子で二代目のG・M・ナイル氏は『銀座ナイルレストラン物語』で、「今でこそあんなきれいな店になったけど、最初は汚いあばら家で始まったんだけどね」と語っている。

開店当初からあり、いまでもナイルレストランを代表するメニューが「ムルギーランチ」だ。「ムルギー（ムルグ murgh）」とは「鶏肉」の意味。スパイスで煮込んだ鶏もも肉とソース、そしてキャベツなどの温野菜がイエローライスにかかった一品だ。ライスは日本米だが、さらさらしたカレーとの相性が良い「いわてっこ」という岩手県産のものが使われている。運ばれてくると、店員が鶏肉から骨を取り除いてくれる。そして、ライスとしっかり混ぜて食べるのが推奨されている。筆者も何度かムルギーランチを食べたことがあるが、なかなかのボリュームでも絶妙な味ゆえに、いつもあっという間に平らげている。

ナイルはカレー粉の調合・販売にも乗り出した。ナイルはレストランを始める前に、エスビー食品に籍を置いていた時期があったという。エスビー食品には当時すでに「赤缶」の名で知られるカレー粉があったが、ナイルは自前のカレー粉を作りたいという思いを抱いていたようだ。こうして一九五二年に出来上がったのが、「インデラカレー粉」だった。ただ、エスビーはもちろん、同業他社もカレー粉を手がけるようになっており、味だけでなく価格競争にもさらされた。こうしたなか、ナイルは阪急や銀座松屋といった有名百貨店で料理教室を開き、自ら作り方を実演してアピールに努めることまでした。さらに、「純印度式カリー」の中村屋にも売り込みをかけた。それが奏功し、中村屋はそれまで採用していた別のカレー粉とインデラカレー粉をブレンドすることにしたという。戦前・戦中にインド独立を目指して活動していたボースとナイルが、戦後にそれぞれが手がけたカレーを通じてつながったと言えるエピソードだ。

戦後にインド料理店をオープンした独立運動関係者はもうひとりいる。ジャヤ・ムールティーだ。兄のラーマ・ムールティーは、一九三二年にネパール国王訪日時の秘書として随行したのがきっかけで、その後再来日する。ラーマは貿易業を営み、初来日時に日本側の英語通訳をしていた女性と結婚した。同時にラーマはインド独立運動にも関わるようになり、アジアで独立運動を展開していた組織「インド独立連盟」の日本支部長となった（のちに「自由インド仮政府」の日本代表となる）。兄の勧めで、弟のジャヤも一九四〇年に来日した。ジャヤは東京工業大学に学ぶかたわら、兄のインド独立のための活動を助けていったという。ジャヤの息子、アナンダ・J・ムールティー氏と結婚した有沢小枝氏が著書でこんなエピソードを記している。ジャヤがチキンカレーを作って振る舞ったところ、妻のスジャータ（結婚を機に淳子から改名）が、「こんなにスパイスの効いたカレーは初めてよ！　でも辛いだけではなく、スープにコクがあるのよ！」と大絶賛した。多くの人にこの味を楽しんでほしいという願いから、自宅を使って「カレーと珈琲の店　アジャンタ」を始めることにしたという。

なぜインド独立運動に身を投じた彼らは料理の道を選んだのだろうか。祖国の独立が実現した後で、海外でできることは限られていたという事情はあっただろう。しかし、アジャンタのジャヤは自分でチキンカレーを作ったのがきっかけだったが、ナイルレストランのナイルにいたっては、料理がいっさいできなかったという（初期の頃に店を切り盛りしていたのは妻の由久子だったそうだ）。それでも未知の分野に分け入っていったことは、彼らにとって母国の料理がいかに大きな存在だったかを物語っている。そして、料理を通じて日本とインドをつなげていこうとしたのだ。ナイルは店のすべてのテーブルに「日印親善は台所から」というメッセージをプリントしたというが、それは戦前・戦中も戦後も、両国の距離を近づけようとした彼の本心からの願いだったのである。

なぜ「インド・ネパール料理」が日本に多いのか

ナイルレストランやアジャンタといったインド料理店の草分け的存在が誕生していった草創期に続き、今日まで続く店がさらにいくつかオープンしていった。いずれも北インド料理が専門の「モティ」と「サムラート」は、それぞれ一九七八年と八〇年に創業されている。アジャンタから独立したシェフが「印度料理シタール」を千葉市でオープンしたのは一九八一年のことだった。

とはいえ、日本では長い間、全体としてのインド料理は必ずしもポピュラーな存在にはなっていなかった。一九八〇年代までは一部の観光客を除き日印間の人的往来はまだ限定的だった。そして何よりも、日本式のカレーの存在感が圧倒的に大きかったことが影響していたのではないだろうか。

一九九〇年代に入り、学生や若者を中心に旅行先としてアジアの人気が高まっていくと、国内でも八〇年代後半から始まっていたエスニック料理ブームがさらに広がっていった。この「エスニック」では、タイ料理やヴェトナム料理をはじめとする東南アジアの料理が多かった印象がある。だが、それによってこれまで馴染みの薄かった料理の裾野が広がっていったのではないかと筆者は見ている。実際、二〇〇〇年代に入ると、インド料理店がじわじわと増えていった。九段下の駐日インド大使館のすぐそばに店を構える「ムンバイ」がオープンしたのは二〇〇五年のことである。

筆者は二〇〇八年から二年間インドで勤務し、一〇年に東京に戻ってきた。そのとき驚いたのは、都心のあちこちにインド料理店ができていることだった。そうした店の中には、店頭にインドの国旗とともに、三角形を二つ縦に重ねた赤い国旗が掲げられているところも少なくなかった。メニューを見ると、一般的な北インド料理に加えて、ダルバートをはじめとするネパール料理やチベット餃子のモモが掲載されている。店員に話しかけてみると、ネパールから来ましたという答えが返ってくることが多かった。中にはさらに守備範囲を広げ、「カレーつながり」ということなのかタイ料理まで扱っているところもちらほら見かける。

こうしたインド・ネパール料理店はその後も日本各地で増えていった。田嶋章博氏の記事によると、二〇二二年時点で「インネパ店」の数は少なくとも二〇〇〇軒に上り、約一五年で五倍前後に増えたという。日本人やインド人が経営する既存のインド料理店が支店を増やしていくなか、インド人だけでなくネパール人コックも雇われるようになった。彼らが独立して新しく店を構えると、インド料理だけでなくネパール料理もメニューに加わっていった。

また、ネパール人の店主が雇うスタッフはやはりネパール人となり、本国から呼び寄せるケースが増えていったということのようだ。店舗立ち上げや運営のノウハウも受け継がれていったのだろう、こうした流れのなかで次々に出来ていくレストランは入口に設置されたメニュースタンドから内装まで、フォーマットがよく似ていることも特徴だった。

ネパール人コック急増には、本国での内戦も影響していた。ネパールは王制だったが、一九九六年以降、ネパール共産党毛沢東主義派（いわゆる「マオイスト」）が武装蜂起を開始した。政府軍との戦闘が終結したのは、一〇年後の二〇〇六年のことである。ちなみにマオイストの最高指導者、プシュパ・カマル・ダハル（通称「プラチャンダ」）は二〇二二年に三度目となる首相に就任した人物である。

インド・ネパールの食器や調理器具の販売を手がける有限会社アジアハンター代表、小林真樹氏の『日本のインド・ネパール料理店』によると、山間部のタカリー族が戦闘から逃れて首都カトマンドゥに移住し、自分たちの料理を出すレストランを作っていった。その結果、タカリーレストランは「ネパール料理の一つのフォーマット」になったという。たしかに日本のネパール料理店でも、タカリーのダルバートは品数が多く、美味しいという話を聞く。

また、内戦から逃れるために国外脱出を図り、日本でコックとして働くようになった者もいた。さらに二〇〇七年以降は、政府が外貨獲得の手段として国民の海外就労を奨励する方針をとり、法改正も行われた。つまり、送り出す側のネパールの要因と受け入れる側の日本の要因がちょうどかみ合ったのが二〇〇〇年代後半ということになる。

「本場インド料理」を売りにする店とは異なり、こうしたインド・ネパール料理店は、カジュアルな雰囲気のところが多い印象がある。東京都内で筆者のお気に入りの店を挙げるとすれば、新高円寺にある「サラムナマステ」だ。一見よくあるインド・ネパール料理店かと思いきや、斬新なメニューが目立つ。独創性がいかんなく発揮されているのはナンだ。プレーンなもの以外にもチーズナンあたりは他の店でもよく見かけるが、「いちごナン」や「にんじんナン」、「くりチーズナン」といった創作ナンが期間限定で楽しめる。ビリヤニも一般的なチキンやマトンだけでなく、マダイだったりホタテだったりと、他ではお目にかかれないバリエーションが提供されている。大人数向けには「一斗缶ビリヤニ」もおすすめだ。もちろん一般的なメニューも充実しているが、これまでのインド・ネパール料理の常識を超える品々をぜひ試してみてほしい。

台頭する南インド料理

そして近年、日本のインド料理は多様化・細分化が進んでいる。

「本格派のインド料理店と多数のインド・ネパール料理店」という構図に風穴を開けたのは、

南インド料理店の急増だった。第二章で紹介したように、「バターチキンとナン」に代表される北インド料理に対し、南インド料理の場合、主食はライスで、カレーというよりはスープに近く、辛みと酸味がきいたラッサムやサンバルと一緒に食べる。同じインド料理といっても、別物と言えるほどのものだった。

日本の南インド料理店の先駆け的存在とされる「ダルマサーガラ」が東銀座の歌舞伎座近くにオープンしたのが、二〇〇三年のこと（二一年に福岡に移転）。当時、日本に南インド料理店はほとんどなかったという。ちなみにこの店は、ミシュランガイドのビブグルマン（星はつかないが良質な店に与えられる評価）を二〇一六年から五年連続で獲得している。

二〇〇九年には、これも南インド料理の名店となる「アーンドラ・キッチン」が御徒町に誕生する。オーナーのサラディ・パラマタ氏はインド南部アーンドラ・プラデーシュ州出身で、横浜国立大学および同大大学院で学んだ後にＩＴ関連企業に八年勤めたという経歴の持ち主だ。二〇一二年には姉妹店の「アーンドラ・ダイニング」も銀座にオープンした。

なぜ南インド料理がこれほど急速に増えていったのか、筆者はかねがね不思議に思っていた。北インド料理に比べてさっぱりしているし、米文化の日本人の口にも合うからだろうか、という程度に考えていた。鮮やかな緑色のバナナリーフを敷いたり、プレートからはみ出すほどのドーサがあったりと、ビジュアル面でインパクトがあったのかもしれない、とも。同じ疑問は前出の田嶋章博氏も抱いていたようで、南インド料理の人気店「エリックサウス」を手がけてきた料理人・飲食店プロデューサーの稲田俊輔氏にその話題を振っている。「ヘルシー」だったり「主食がライス」だったりという特徴は南インドに限ったことではなく、スリランカ料理やネパール料理、ベンガル料理にも当てはまると稲田氏は指摘する。その中で南インド料理の注目度が高まった理由として同氏が挙げるのが、「言語化」だ。まだ南インド料理が日本にほとんどなかった頃、インド料理研究家の渡辺玲氏が魅力を言葉にして発信していたことが大きかったという。たしかに筆者も、インド料理に本格的に関心を持つ前でも、同氏の著書『カレーな薬膳』を読んだことがあった。ミールスを例にとると、「なんの予備知識もなく食べたら「なじみのないスパイスが使われていて、カレーはやたらシャバシャバだった」で終わってしまう可能性」があるが、医食同源の考えに根差した料理と言われれば、受け止め方がまったく違ってくる、と稲田氏は解説している。

料理において「物語の有無」という要素はたしかに無視できない。それは中村屋の「純印度式カリー」が味はもちろん、そこに「恋と革命の味」というスパイスが加わったことで、客が物語込みで料理を楽しんだことについても当てはまる。インド料理に限らず、食事とは単なる栄養補給とか胃袋を満たす行為にとどまらず、それを通じたエクスペリエンスを得るものでもあると感じさせてくれる。

こうした点に加えて、他の南アジア料理に比べて南インド料理は認知度が勝っていたのではないかと思う。それは、「ケララ（ケーララ）カレー」の存在だ。日本で南インド料理店が登場するよりも前の一九八六年の時点で、エスビー食品がすでに「ムツゴロウの味覚王国シリーズ　ケララカレー」という商品を出している。同社のウェブサイトに掲載されている商品パッケージを見ると、カレーとともに数種類のスパイスらしきものの画像が掲載されており、一般的なカレールーとは差別化を試みた様子がうかがえる。同社はその後、二〇一二年に「スパイスリゾートシリーズ」として家庭でケララカレーが作れるセットを発売したほか、「S&B CRAFT STYLE」のラインナップにも「ケララカレー（チキン）」が入っている。

ケーララ関連では、漫画家の流水りんこ氏がインド・ケーララ州出身の夫との国際結婚生活を題材にしたコミック『インド夫婦茶碗』を出したのが二〇〇二年のことだった。作中では、夫のサッシーが二〇〇四年に東京・練馬にオープンした南インド料理店「ケララバワン」の話題も頻繁に取り上げられており、まさにこの「言語化」もまた南インド料理の知名度向上に一役買ったのではないかと思われる。

南インド料理の中では、このケーララとアーンドラが二大勢力だった。グルメサイト「食べログ」で「ケララ」を検索したところ、北は弘前から南は石垣島まで、一三店舗がヒットした。一方の「アーンドラ」では七店舗だった（いずれも、インド料理には関係なさそうな店舗を除いた結果）。もちろん、店名に出ていなくてもそれぞれの料理を出す店もある。

だが、南インドはそれだけではない。興味深いことに、インド料理全体から見れば、かなりニッチな分野の店が近年、東京を中心に増えている。たとえば、二〇一八年に有楽町にオープンした「バンゲラズキッチン」。港町として知られるカルナータカ州マンガロール（現在の呼称はマンガルール）の料理を専門とする店だ。スパイスのきいたサバやカジキマグロ、ブリといった魚料理の数々からは、チキンやマトンのインド料理とはまた違う、新鮮な印象を受ける。

「チェティナード料理」にいたっては、名前を聞いただけでどこの料理か見当が付く人は少ないのではないだろうか。チェティナードはインド南部タミル・ナードゥ州の南端に位置する地域で、一九世紀からスパイスや塩の交易で栄えてきたことで知られる。それを担ったのがチェティアールと呼ばれるコミュニティ（商人カースト）で、その活動範囲はインド洋をはさんで東南アジアにまで及んだ。この時期はイギリスが最初は東インド会社、次いで直接統治を通じてインド支配を強めていった時期に重なるが、インド人自身も国際的な交易を活発に展開していたのである。チェティアール商人が各地の味を故郷に持ち帰った結果、アジア各国のテイストが加わった独特のチェティナード料理が形成されていった。代表的なメニユーは、チェティナード・チキンペッパーマサラやチェティナード・マトン・フライ（ここでのフライは揚げ物ではなく煮込みの意味）だ。

インド料理に詳しい水野仁輔氏は、現地まで足を運んで素材や作り方を調べた経験を踏まえて、チェティナード料理は「南北インド料理の「いいとこどり」をしたようなこのカレーが、これから日本で人気を博す可能性があるかもしれない」と記している。このチェティナード料理を専門とする店「スリマンガラム」が二〇二〇年、東京・経堂にオープンした（経堂店は二二年で閉店、祖師ヶ谷大蔵店は営業継続）。この料理がケーララとアーンドラの二強状態を変える、あるいはインド料理全体の構図を変える存在になっていくか注目していきたい。

北の逆襲、そして東へ西へ——多様化する日本のインド料理店

これまでインド料理店の大半を占めていた北インド料理メインの店も、バリエーションが増えてきたという印象だ。高級感あふれる店が都心のホテルや商業施設に続々とできてきた。そうした中でひときわ精彩を放っているのは、インド宮廷料理を専門にする「マシャール」だ。東京・大森に店をオープンしたのが二〇二二年と、かなり新しい部類に入る。店の説明では、「ムグライ料理」の名で知られるインド宮廷料理とは、ムガル帝国の時代に中央アジ

アやペルシア、ヒンドゥーをはじめとする料理の文化が融合し、洗練された結果完成されたもので、サフランをはじめとする高級スパイスやドライフルーツ、ナッツ、ヨーグルト、生クリームを多用するとされている。インドでも北インド料理店ではメニューに「ムグライ」の項目があり、ワンランク上のごちそうといった趣がある。

南北だけではなく、東西への広がりも出てきた。東インドの代表格といえばベンガル料理になる。インド東部のベンガル地方は、日本ともつながりの深い地域だ。本章冒頭で取り上げた二人のボースや東京裁判のパル判事は、いずれもベンガル出身だ。三度にわたり訪日し、岡倉天心ら日本の文化人や芸術家とも親交があった詩人、ラビンドラナート・タゴールもやはりベンガル人である。しかし、こと料理となると、南北に比べベンガル料理の存在感は小さいと言わざるを得ない。ベンガル湾に面しているだけに、この地方の料理も魚をよく使う。フィッシュ・フライや、第二章でも紹介したゆで卵とジャガイモが定番のコルカタ・ビリヤニは日本人の口に合いそうなのだが、人気はいまひとつだった。南インド料理のドーサや北インド料理のバターチキンとナンのように、ベンガル料理といえばこれ、と言えるほどの一品が見当たらないことも影響しているのだろうか。

そうしたなかで、東京・町屋にある「プージャー」はベンガル料理をとことん味わえる貴重な存在だ。店の入口には「ナンありません」「インド香り米　バスモティ・ライスありま

デリー市内のベンガル人が集まるマーケット内にある魚屋

す」との断り書きが貼られており、それだけで店の本気度がビシビシと伝わってくる。北インドであれば「ターリー」と呼ばれる定食は「ターラ」といい、魚の煮込みが入っているのがベンガル料理ならではである。筆者はまだ試したことがないが、エビやヤギを使った料理もある。日本在住のベンガル人も訪れるというだけあって、「本格ベンガル料理」ならここになるだろう。

西はどうかというと、「西インド」のイメージが湧きにくいこともあってか、一括りにするよりかは個々の地方としての特色を打ち出しているように見える。第二章でインド家庭料理として取り上げた西葛西の「レカ」は、地域で言えばマハーラーシュトラ料理である。グジャラート料理は専門店となるとまだないようだが、二〇二一年に東京・京橋にオープンした「ボンベイシジラーズ」では、リクエストがあればグジャラート料理も作ってくれるそうだ。さらに、若者で賑わう原宿の竹下通り近くにも、意外な西インド料理店がある。ゴア料理を出す「ビバ・ゴア・インディアン・カフェ」だ。

従来型の「インド・ネパール料理店」も各地で健在だが、その一方でネパール料理に特化した店、通称「ガチネパ」も増えてきている。さらに近年では、スリランカ料理が雑誌やネットで取り上げられる機会も増えてきた。インドを中心に、南アジア料理は群雄割拠の様相を呈している。

これほどの多様化が進んできた背景には、二つの流れがあるように思われる。日本人のインド料理に対するニーズが多彩になってきたことがひとつ。観光やビジネスでインドに行ったことがある人が増え、行き先もデリーやタージ・マハルのあるアーグラー、ジャイプル、ガンジス河のガートで有名なヴァラナシといった北インドだけでなく、インド伝統医学のアーユルヴェーダや『ムトゥ　踊るマハラジャ』に代表されるタミル語映画への関心の高まりもあって、南インドが脚光を浴びるようになった。旅行ガイドブックの『地球の歩き方』がインド編とは別に、南インド編を出したのが二〇一四年のことである。最近では、S・S・ラージャマウリ監督の『バーフバリ』や『RRR』をはじめとするテルグ語（アーンドラ・プラデーシュ州およびテランガーナ州の言語）映画も大きな注目を集めており、南インドへの関心がさらに強まることになりそうだ。

もうひとつの流れは、在日インド人の増加である。二〇〇〇年問題（西暦二〇〇〇年になるとコンピュータが誤作動する可能性が懸念された）への対策が急務になったとき、多くの企業でIT技術者の不足が課題となった。それを埋めたのがインドからのIT技術者であり、二〇〇〇年以降もこの流れが続いた。新型コロナウイルスの感染拡大によって減少した時期はあったが、法務省の在留外国人統計によると、二〇二二年一二月末時点での在日インド人の数は四万三八八六人で、このうちIT技術者を含む「技術・人文知識・国際業務」を目的とする者の数は一万一〇四人と、全体の約四分の一を占めている。海外在住のインド人は和食も含め外国料理に抵抗がない者もいるが、宗教上の理由もあり、食べ慣れたインド料理をというニーズは大きい。しかも、これまで述べてきたように、インド料理といっても地域によって千差万別だ。そうした多種多様なニーズに応えるべくできた店は、東京の西葛西や東大島などにいくつも見られる（本章コラム参照）。最近では日本人向けにアレンジを加えていない中華料理のことを「ガチ中華」と呼ぶが、こうした店で供される料理は「ガチインド」と言えるだろう。

続々とインドに進出する日本食

ここまではインド料理が日本に浸透していった過程を取り上げてきたが、今度は逆に、日本の料理や食材がインドに進出している状況に目を転じることにする。インド料理が歴史の中でさまざまな変遷を遂げてきた中で、それは外からの影響がもたらしたインパクトによるところが大きかった。そしていま、日印間の往来の活発化と軌を一にして、インドの食のシーンに日本という要素が拡大しているのである。

筆者がインドに住んでいた二〇〇八年から一〇年当時、首都のデリーでも日本食を食べられる選択肢は限られていた。日本食レストランや家で調理するための食材を扱う店は数えるほどしかなかった。筆者は海外で日本食を食べることにそこまでこだわりはなかったし、仕事の会食が日本食ということもしばしばあったので、とくに不便は感じなかった。それでも、たまに食べるうどんやそばは、いつものスパイス満点のインド料理とは違う満足感を与えてくれたものだった。

日本帰国後も、インドには年に数回通いつづけた。その際に驚かされたのは、日本関係の店が次々に増えていることだった。無印良品が二〇一六年にムンバイで一号店を、翌一七年にはデリーにも店舗をオープンした。ユニクロもこれにつづき、二〇一九年から二〇年にかけてデリー市内の大型ショッピングモールでの一号店をはじめ三店舗を出店した。

こうした波は食品分野にも及んでいた。ひとつは、カップ麺だった。それまでもインドにはスイス「ネスレ」のインド子会社が展開する「マギー」ブランドのカップ麺が広く流通していた。そこに、日清食品がインド対応のカップヌードルを投入していったのである。ベジとノンベジの区分をした上で、「スパイシー・マサラ」やインド中華を意識した「ベジ・マンチョウ」といった、日本にはないラインナップが食料雑貨店やスーパーに陳列されるようになった。二〇二三年にデリーに行ったときには、「パニール・バター・マサラ」やマトンが入った「ローガン・ジョシュ」といった新フレーバーも目に入った。

麺といえば、二〇一七年ごろにデリーメトロに乗って郊外に行ったとき、降りた駅の構内

インド版カップヌードル。豊富なフレーバーの中から選べる

インド版柿の種「KARI KARI」

にうどんのスタンドがあった。メニューを選び、キッチンから出てきたうどんをカウンターで食べるという、日本の「駅そば」に近いシステムのようだった。食事時ではなかったので客の姿はなかったものの、こんなところにまで日本食がと驚いたものだった。

お菓子の分野でもインドに進出した企業がある。「柿の種」の亀田製菓だ。二〇二〇年一月に「KARI KARI（カリカリ）」の商品名で投入を開始した。実はこの柿の種、それ以前から日本から持っていく定番のお土産として重宝されていた。ならばそれを直接インドで展開しようということで、日本版に入っている卵や動物由来の成分を除くなどして、商品開発が行われた。四種類のフレーバーは、いずれもベジマークがついている。

このカリカリ、筆者もデリーのスーパーで買い求めて食べてみることにした。まず手に取って気づいたのは、日本のものよりひとまわり大ぶりなことだった。このとき入手したのは「ソルトペッパー」と「チリガーリック」。食べてみると、どちらも味が強めで辛みもきいており、ビールのおつまみにも最適だ。この「インド版柿の種」を今度は日本向けのお土産として何袋か持ち帰ったところ、好評を博した。ちなみに、四種類のフレーバーのうち、残る二つは「スパイスマニア」と「ワサビ」。どちらも試したいと思っている。

日本の食材やお菓子をインドで展開しようという動きは他にもあるし、今後さらに増えていくだろう。そこで何が好まれ、どのようなローカリゼーションの工夫をしているかを知ることで、インド人の嗜好が見えてくる。

「カレーの本場」に日本のカレーが挑む――ココイチのインド進出

食品分野での日系企業のインド進出の中でも、とくに注目を集めたのが「ココイチ」ことカレーハウスＣｏＣｏ壱番屋だった。「カレーの本場」インドに、日本のカレーはどう受け入れられたのだろうか。

ココイチのインド進出は、二つの流れが合致したことで実現した。ひとつは、三井物産のインド現地法人に採用されたインド人社員が、日本で研修したことがきっかけだった。その社員は日本滞在中にココイチに魅力を感じ、帰国後の成果報告でインド進出事業を提案したという。

もうひとつは壱番屋サイドの希望だ。同社は海外展開を積極的に行っており、中国や香港、台湾といった東アジア、タイやシンガポールをはじめとする東南アジア、そしてアメリカとイギリスの一一か国・地域に店舗を持っていた。壱番屋の関係者によると、浜島俊哉社長（現会長）が二〇一〇年ごろまでにはインド進出を考えるようになっていた。ただ、当時はインド側の物流インフラや顧客層を考えると、まだ機が熟していないという雰囲気だったという。二〇一〇年というと筆者がデリーにいた時期と重なるが、いまから振り返っても、マ

グルガオンにできたココイチ１号店。インド人客も入っていた

クドナルドやＫＦＣといったファストフードチェーンを別にすれば、外国の外食産業がインドに参入するにはハードルが高かったという印象がある。

インド進出計画が本格化するのは、二〇一〇年代後半のことだ。この頃になると、都市部住民の生活レベルは向上しつつあったし、前述のとおり外食産業以外の日本の小売店による進出も実現していた。そこで、三井物産が六〇％、壱番屋が四〇％を出資する合弁会社「イチバンヤインディア」を二〇一九年に設立し、二〇年三月のオープンに向けて準備を進めることになった。

法人登記だけでなく、アルコール販売のライセンスや消防関係の届出など、インドでの飲食店開業には膨大な手続きを要する。それらをクリアしながら、同時にインド向けのメニュー開発やスタッフ採用といった業務もこなしていく。さらに、二〇二〇年に入ると、新型コロナウイルスの感染拡大という、数か月前までは誰も想像だにしなかった事態に見舞われることになった。予定していた同年三月のオープンは見送らざるを得なかったが、それでも八月には一号店の営業開始にこぎ着けることに成功した。

当初は日本人客が全体の九割を占めていたが、その後徐々にインド人客も増えていき、日本人客を上回るほどになったという。実際、筆者も二〇二三年一月にデリー市内の大型ショッピングモール、セレクトシティウォークのフードコートに入っている店舗に、同年五月にはデリー郊外の衛星都市グルガオン（グルグラム）にある店舗（サイバーハブ店）を訪問してみたが、どちらもインド人客の姿が見られた。独立した店舗で広々とした作りのサイバーハブ店には、家族連れの姿も目立った。日本のココイチはどちらかというと一人で来てカレーを食べるというスタイルが多いのに対し、インドの場合はゆっくりと食事を楽しめるような店舗設計をしているように感じられた。ドリンクやサイドメニュー、サラダ、それに子ども向けメニューが充実しているのも、それをねらってのことだろう。

ココイチのメニューを通じて知るインド人のこだわり

そしてやはり気になるのはカレーのメニューだ。海外店舗を多数手がけてきたココイチとはいえ、随所でインドの特殊性を踏まえた対応をしたようだ。

まず何といっても、ベジとノンベジを明確に分ける必要がある。ココイチの場合、トッピングを客が自由に選んだり組み合わせたりできるので、その点は問題ない。カレーソースについては、ココイチの海外仕様のソースはもともと動物由来のものを使っていないとのことで、その点もクリアできた。

だが、料理だけ別々にすればよいという話ではなかった。厨房をベジエリアとノンベジエリアに分ける必要があったのである。まな板や包丁もけっして共用はしないようにした。シティウォーク店では、フードコートのスタッフが定期的にチェックしに来るほどの徹底ぶりだという。インドにおけるベジタリアンが肉類の混入に敏感であることがうかがえる。

次に、ノンベジの場合の肉をどうするかという問題があった。ただこの点も答えははっきりしていて、牛肉と豚肉を使わないということに尽きる。とすると肉類は、一般的なインド料理と同様、鶏肉がメインになる。したがって、カツもトンカツではなく、チキンカツなのだ。実はインドのココイチでいちばんの人気メニューは、このチキンカツカレーなのだそうだ。さらに、マトンが選べることもインド独自の対応だろう。これは「マトンキーマカレー」というメニューになっている。このほか、日本でもおなじみのフィッシュフライカレーもあり、こちらも上位にランクインしているとのことだった。

ちなみにココイチと同時期に、日本の「すき家」もインド進出を果たしている。あの「牛丼」チェーンのすき家だ。「デリーの秋葉原」と呼ぶにふさわしい、ネルー・プレイスという電気街がデリー南東部にある。すき家はこの一角にあるビルの一階に入っており、筆者も入店して食事をしたことがある。メニューを見ると、当然と言えば当然だが、牛肉を使った料理はいっさいない。主力は牛丼ならぬ「鶏丼」だった。ちなみに筆者は「クリスピー・ダイナマイト・グリルド・チキンボウル」というオリジナルメニューを選んだが、日本で出してもヒットするのではないかと感じた。

ココイチに話を戻そう。ベジの人気メニューとして担当者が教えてくれたのが、「プレミアムベジカレー」だった。ブロッコリーにヤングコーン、アスパラガスなどの野菜がたっぷり入った一品だ。どの野菜を入れるかを検討していた段階では、ジャガイモとチェリートマトも候補になったが、インド人スタッフから見直してはどうかという声が上がったという。どちらもインド人にとっては当たり前すぎる野菜で、「プレミアム」というイメージにはそぐわないのではないか、というのが理由だった。結局、彩りも考慮してチェリートマトは採用することにしたが、ジャガイモは外れることになった。日本のカレーなら定番のジャガイモも、インドだと違う捉え方をされることを示すエピソードだと言えるだろう。なお、ベジカレーでは一見豆腐のようなパニールを使ったものや、チベット発祥のモモ（チキンを使ったノンベジもある）のように、「インドならでは」のトッピングを選ぶこともできる。

さまざまなローカリゼーションの工夫をする一方で、「ココイチらしさ」はインドでも健在だった。多様なトッピングの中からお気に入りのものを選び、ライスの量や辛さを調整できるという、カスタマイズの幅の広さは一緒だった。サイバーハブ店では、入店するとインド人スタッフが「いらっしゃいませ！」とハキハキした口調で迎えてくれるのも印象に残った。

ココイチはその後も「攻め」の姿勢をつづけている。メニュー面では、前からあったカレーうどんのほかに「カレーラーメン」が加わったり、タピオカドリンクの取り扱いが始まったりもした。二〇二三年八月には、グルガオンに三号店がオープンした。「日本のカレー」という外来要素と「インド人の好み」という国内要素がどう融合し、あるいはそれぞれにどう影響していくのか。ココイチの取り組みは、インドの食を考える上で絶好の事例なのだ。

〈コラム〉日本の「リトル・インディア」、西葛西

本章では二〇〇〇年問題への対応を契機として、日本で働くインド人IT技術者が増えていったことを記した。彼らが勤める企業の多くは東京都心の東側にあったことから、通勤の利便性が良い江戸川区の西葛西や江東区の東大島といったエリアが主な居住地となっていった。東京都が取りまとめた二〇二三年七月時点のデータによると、都内在住のインド人は一万六八四九人で、そのうち江戸川区が六五三四人、江東区が三六九二人となっている。つまり、都内のインド人の約六割が両区に集中しているということになる。

とくに西葛西は、一九七八年に来日して紅茶業を手がけ、江戸川インド人会会長も務めるジャグモハン・チャンドラニ氏というリーダーの存在に加え、外国人でも入居しやすい団地があったことから、インド人が多く住むようになった。筆者はインド勤務を終えて帰国した二〇一〇年夏からパキスタンに赴任するまでの一年余り、この西葛西に住んでいたことがある。都心の勤務先に通いやすかったということもあるが、やはりインド人が多く住むというエリアに身を置きたかったのが大きかった（漢字は違うが地名の

読みにも親近感があったということもある)。

「日本のリトル・インディア」とも呼ばれる西葛西だが、横浜中華街のように固まったエリアがあるわけではない。東京メトロ東西線の西葛西駅から改札を出ると、銀行やコンビニ、カフェなどが並び、一見すると北口も南口もごくふつうの郊外の駅前の光景が広がっている。高架下の商店街には、昔ながらの居酒屋や食堂も営業している。しかし街中を歩いていると、サリーを着たインド人女性や家族連れの姿も時々目に入り、インド人が多いことを思い起こさせてくれる。

レストランをはじめとするインド関係の店は、駅から少し離れた場所にある。一か所に集中してはいないので実感しにくいが、インド人の多様な食のニーズに応える店が点在しているのだ。第二章で取り上げたよぎ(プラニク・ヨゲンドラ)氏が母と経営するインド家庭料理店「レカ」は隣駅の葛西が最寄りだし、インドスイーツ専門店「トウキヨウ　ミタイワラ」は西葛西駅から荒川方面に向かって線路沿いに数分歩いたところにある。インド食材を扱う「アンビカベジ&ヴィーガンショップ」は、UR葛西クリーンタウン清新プラザ団地敷地内のショッピングセンターに入っている(蔵前と新大久保にも実店舗がある)。他にも、インド中華や曜日限定でインド料理のブッフェを出す店など、日本人もインド人も食事を楽しめる店が数多くある。

在住インド人の多さを反映して、インド人学校があることでも知られている。「グローバル・インディアン・インターナショナル・スクール」(GIIS)は西葛西近辺に四つのキャンパスがあり、日本の幼稚園から高校に相当する課程をカバーし、インドおよび国際的なカリキュラムにもとづいた教育を行っている。他のインターナショナルスクールに比べて学費が安いこと、英語だけでなくITのスキルも伸ばせるという保護者の期待から、近年、日本人生徒が増えている。同校のマドゥ・カンナ校長によると、以前はインド人生徒が圧倒的に多かったが、今(二〇二二年)ではインド人生徒と日本人生徒の割合が半々だという。

インド最大のお祭りといえば、「光の祭典」と呼ばれるディワリだ。西葛西では毎年一〇月あるいは一一月に、このディワリを祝う「東京ディワリフェスタ西葛西」が開かれる。インド料理店による屋台ブースも多数あり、さまざまな料理を一度で楽しむことができる。ぜひ足を運んでみてほしいイベントだ。

おわりに

「やっぱり毎日カレーなんですか？」

筆者がインド駐在中に日本に一時帰国したとき、あるいは任期を終えて本帰国したあと、周りからよく投げかけられた質問だ。こう聞かれると、考え込んでしまうことが多かった。「やっぱり」というのは、どういうことなのか。「毎日」というのは、それだけインドでは他の料理は少ないのではというイメージがあるからなのか。そして「カレー」。日々食べるインド料理をそれで一括りにしてよいものなのか……短い問いにもかかわらず、そこにはインド料理に対するステレオタイプが凝縮されているような気がしたためだった。

とはいえ相手もカジュアルに聞いているにすぎないだろうし、深淵なインド文化論にもとづいた答えを期待しているわけでもないだろう。むしろ筆者のほうがいちいち細かく考えすぎなのだ。いずれにしても、仕事の会食やイタリアンなどで気分転換をするときを除けば、筆者の日々の食事はインド料理がメインだった。「しょっちゅうカレーですよ」と答えると、相手はやはりそうか、と納得してくれたものだった。

そのときに感じたモヤモヤした思いは、その後も筆者の中に残り続けることになった。カレーを「スパイスを用いた煮込み料理」と定義すれば、多くのインド料理がそこに当てはまることになる。だが、そこには数え切れないほどたくさんの料理が含まれるし、日本でイメージされるような「カレー」とはかけ離れたものも少なくない。インド料理を代表する存在のひとつはビリヤニだが、炊き込みご飯をカレーと言うわけにもいかない。「インド料理＝カレー」と簡単に言い切ることはできないのである。

第六章では、ある料理が受け入れられる際には「言語化」が重要、という話をした。稲田俊輔氏は、同じ料理でもそこに「物語」があるかどうかで興味を引かれるものもあれば、逆に食べてみても美味しく感じないものもあると指摘していた。

この「言語化」には、もうひとつ別のベクトルがあるのではないかと筆者は感じている。それは「キャッチフレーズ」だ。「要約化」と言ってもよいかもしれない。どの料理でも一種類ということはないし、地域や時代によっても多種多様だ。当事者ならそのディテールや料理ごとの違いがわかるが、外部の人間にとっては多様であるがゆえに、つかみどころがなくなってしまう。インド料理はまさにその典型だった。そこに「カレー」というわかりやすい名前を与えられたことで、認知度が一気に高まったと言える。カレーといえばインド料理、インド料理といえばカレー。実にわかりやすい。

カレーはイギリスで大衆化し――その意味ではインド料理というよりイギリス料理と呼んだほうがよいかもしれない――、さらに他国へと広がっていった。第一章で紹介したように、さまざまなスパイスをあらかじめ調合した「カレー粉」が考案されたことで、伝播が容易になったことも大きい。この過程で、「カレー」自体が変わっていった。戦前にラース・ビハーリー・ボースが日本のカレーは小麦粉が入っていて、その上辛いだけで美味しくないと嘆いたが、それはイギリス経由でもたらされたためだった。

その日本でも、カレーは進化していった。戦後にA・M・ナイルの「ナイルレストラン」やジャヤ・ムールティーの「アジャンタ」ができていく一方で、一九四五年一一月にオリエンタルが日本初のカレールー、「即席カレー」の販売を始めたのである。宣伝カーで町をまわり、商品紹介や試食の提供をすると、一回で約一〇〇〇個売れたというから、相当な人気だったようだ。スパイスの調合はおろか、小麦粉と混ぜる手間も省けるとあって、カレーを作るときはまずはルーから、という認識が定着していった。

一九六三年には、「りんごとはちみつ」でおなじみの「バーモントカレー」がハウス食品から発売される。アメリカのバーモント州にりんご酢とはちみつを使った民間療法があり、これにもとづく「バーモント健康法」が日本でブームになっていたという。バーモントカレーは爆発的にヒットし、六〇年を経た今日にいたるまでロングセラー商品としてスーパーのカレールーコーナーで大きな存在感を放っている。

ではこのカレールーにインド人はどう反応するのか。インド駐在経験が豊富な日本人ビジネスマンから、インド人の友人を自宅に招いたときのエピソードを聞いたことがある。日本のカレーも味わってもらおうと、コックにインドのカレーだけでなく、バーモントカレーのルーで作ったカレーも用意させた。ゲストは美味しいと言ってくれたが、同時にこう聞かれたという。「これは何という料理ですか?」

本場のインド料理とはかなり違うかたちで進化していったことがうかがえるエピソードだが、だからといってそれが悪いというわけではない。バーモントカレーについて言えば、その最大の功績は「カレーは辛いもの」という既成概念を変え、子どもでも抵抗なく、いやむしろ積極的に食べられる料理にしたということだ。こうして、カレーは大人も子どもも美味しく食べられる、まさに日本の国民食となっていった。

日本のカレーがさらに別の国で進化を遂げている例もある。中国では、ハウス食品が一九九七年に上海でカレーレストランをオープンしたほか、二〇〇五年に「百夢多咖喱」、つまりバーモントカレーを発売した。こうして「日式咖喱」が中国に浸透していくなかで、中国人の口に合うような改良も加えられていった。最大の違いは、中国料理に欠かせないスパイスである八角を加えたことだ。新宿中村屋も、四川料理に用いられる花椒を加えた「本格麻

辣　花椒カリー」をレトルトで販売していた。筆者も実際に食べてみたことがあるが、カレーと麻婆豆腐が合わさったような味で、インドと日本、そして中国が一体となった料理だと感じた。

インドとは別系統で、東南アジアでもカレーが食べられていることもよく知られている。代表格はタイカレーだろう。グリーンカレーやレッドカレーといった定番に加え、最近では蟹を使ったプーパッポンカレーや、アメリカの旅行サイト「CNNトラベル」の「世界でもっとも美味しいもののランキング」で一位に選ばれたマッサマンカレーも人気だ。筆者はタイにはあまり詳しくないので歴史的経緯は承知していないが、少なくとも「カレー」という言葉は外から持ち込まれたもののはずだ。そこには、インド料理と同様にカレーだけで説明しきれない奥深さがきっとあるのではないだろうか。

他方で、「カレー」というキャッチフレーズがあまりに浸透したことで、肝心のインド料理の奥深さが伝わりにくくなってしまったのではないか、と筆者は感じている。インド料理店のメニューで「チキンカレー」や「ベジカレー」は目につきやすいが、たとえば「ローガン・ジョシュ」や「カディー」と言われても、事前に知っていなければピンとこないだろう（「カレー」と書かれているとおおよその見当はつくだけに安心できる、というメリットはあるのだが）。本書であえて「カレー」という看板を取り払って、多様性に富んだインド料理の魅力を伝えようと考えたのはまさにこのためだ。

もちろん、第六章で指摘したように、近年は北インド料理だけでなく、南インドはじめ各地域の料理への注目が高まっている。日本でも、ルーで作るカレーだけでなく「スパイスカレー」という言葉の認知度が上がっているが、それもインド料理についてさまざまな情報がもたらされたことが背景にある。

「カレー」の名の下で日英はじめ世界各地で独自の進化を遂げていく一方で、その成果がインドに還流している点も見逃せない。ひとつはレトルトカレーだ。レトルト食品がはじめて商品化されたのは日本だとされる。一九六八年に販売が始まった大塚食品のボンカレーは、湯せんだけで簡単に作ることができ、常温で長期保存可能という画期的商品だった。日本でのレトルト食品の広がりは言うまでもないが、インドでも近年、バターチキンやダール・マカーニー、サーグ・パニールといった料理のレトルトが急速に増えている。製品化の技術面もさることながら、インド人のライフスタイルが変化し、「個食」のニーズが高まったことも大きい。都市部を中心に一人暮らしや夫婦だけで住み、コックも雇わないというケースが珍しくなくなってきた。そうした人びとにとって、家で手軽に食べられるレトルト食品はやはり便利なのである。

外国のフードチェーンの進出も、インド人の食生活に変化を及ぼしている。ココイチがカレーライスだけでなく、カレーうどんやカレーラーメンを投入しているのも、インド人客にとっては日本食を身近に感じるとともに、スパイス料理の新たな可能性を感じさせてくれるのではないか。都市に住む一部の層に限られるとはいえ、グローバリゼーションによって、保守的と言われるインド人の食の嗜好も変わりつつある。

こうした展開は、グローバルな規模で進行するインド料理の「マサラ化」と言えるかもしれない。まるで混合香辛料のごとく、インド料理が他国の料理に影響を及ぼし、他国の料理がインド料理に変化をもたらしているのだ。そして、そのプロセスはこれからも進行していくことだろう。

あとがき

インド料理の本を書いてみませんか、という提案を受けたのは早川書房の編集者と雑談をしているときのことだった。インドがらみの話をしているなかで、話題が料理に及んだ。筆者がインド料理のうんちくをあれこれとしゃべっているうちに、興味を抱いていただけたようだった。

実は筆者も、以前からインド料理についてまとまったかたちで書きたいという思いを抱いていた。といっても、自分はシェフではないので、レシピを詳しく解説するような本というわけにはいかない。これまでのインドとのかかわりで、料理は単に食欲を満たすだけではなく、文化や宗教、歴史、そして現在進行形で変わりゆく社会について理解を深めたり、自分なりに考えたりさせられるものでもあると感じていた。そういった観点からの「インド料理論」ができるのではないかと思ったのである。

もうひとつの大きな動機は、やはり「カレー」についての疑問だった。本書の冒頭でも記したように、「カレー」という言葉は非常に便利なのだが、その一方でインド料理の豊穣さを伝わりにくくしているという側面があった。といっても、カレーを否定しようと考えたのではない。日本や世界で、あるいはインド本国でも「カレー」として供される料理がまがいものというわけではない（むしろ、筆者は大の「カレー好き」である）。本書の意図は、「インド料理＝カレー」というステレオタイプに囚われることなく、とことん多様な料理の数々を取り上げ、その魅力や背景を伝えたいという点にあった。

原稿を書き進めていくなかで、筆者自身も深遠なインド料理の世界にあらためて気づかされることにもなった。そのひとつはアーユルヴェーダとの関係だ。オイルやハーブを用いたリラクゼーション的なイメージが強いが、本来は「インド版医食同源」と呼ぶべき伝統医学である。しかし、この分野についての筆者の理解が十分ではなく、本書では取り上げないことにした。アーユルヴェーダについてはすでに日本語でも類書があるので、関心のある読者はぜひ探してみてほしい。

早川書房新書編集部の一ノ瀬翔太さんは、筆者の思いが本になるきっかけを作ってくださっただけでなく、企画全体を通じてきめ細かくフォローしていただいた。一ノ瀬さんの的確なコメントやアシストがあったことで、本書の内容をより豊かにすることができた。また、インドのハイデラバードでの勤務経験がある友人の荊尾遥さんは原稿に目を通し、ニューヨークから貴重なアドバイスを寄せてくれた。インド北東部での経験が豊富な延江由美子さんからは、納豆の写真を提供していただいた。他にも、取材で協力してくださった方々、そしてインドでも日本でも食事をともにしてくれたり、インド料理について教えてくれたりした友人知人がいる。そうした大勢の方たちのおかげで、本書を世に送り出すことができたと思っている。この場を借りて、みなさんに心からの感謝を伝えたい。なお、特にことわりのない限り、掲載した写真は筆者が撮影したものである。

本書で紹介したさまざまなインド料理を食べてみたいと思っていただけたら、筆者にとって大きな喜びである。第六章で取り上げたように、日本でもこの数年でインド料理の選択肢が急速に増えてきているので、ぜひ実際に試してみてほしい。筆者もインド料理をめぐる旅をこれからも続けていきたいと思っている。まずはここで本書を締めくくり、さっそくインド料理を食べに行くことにしよう。

二〇二三年一〇月

笠井亮平

計」内の「外国人人口　令和5年」（https://www.toukei.metro.tokyo.lg.jp/gaikoku/2023/ga23010000.htm）から、「7月　第1表　区市町村別国籍・地域別外国人人口（上位10か国・地域）」のデータにもとづいている。チャンドラニ氏と西葛西のインド人コミュニティについては、室橋裕和『日本の異国　在日外国人の知られざる日常』（晶文社、2019年）の「西葛西」も参照した。マドゥ・カンナ GIIS 校長へのインタビューは、2022年10月17日に行った。

—10—

参照資料についての解説

本書の執筆に際しては、筆者自身の体験にもとづいた部分が多いが、それだけでインド料理の多様性と深みを極めたとはとても言えない。インドで発行されたものを中心とした英語文献や各種報道、ブログ記事、動画等からは多くの情報を得た。日本でもインド料理に関する書籍は、レシピ本から文化論的なものまで、数多く刊行されている。すべてというわけにはいかなかったが、そうした資料に可能な限り当たり、貴重な知見を得ることができた。また、筆者が現地の友人と交わした食をめぐる会話からも、多くの気づきを得たり、刺激を受けたりした。

インド料理全般に関する参考文献

【英語文献】

Achaya, K. T., *A Historical Dictionary of Indian Food*, New Delhi: Oxford University Press, 1998.

Ashok, Krish, *Masala Lab: The Science of Indian Cooking*, Gurugram: Penguin Random House India, 2020.

Basu, Shrabani, *Curry: How Indian Food Conquered Britain*, New Delhi: Bloomsbury, 2022.

O'Brien, Charmaine, *Eating the Present, Tasting the Future: Exploring India through Her Changing Food*, Gurugram: Penguin Random House India, 2023.

Pant, Pushpesh and Huma Mohsin, *Food Path: Cuisine along the Grand Trunk Road: From Kabul to Kolkata*, New Delhi: Roli Books, 2005.

Sanghvi, Vir, *Rude Food: The Collected Food Writings of Vir Sanghvi*, New Delhi: Penguin Books India, 2004.

Subramanian, Samanth, *Following Fish: Travels around the Indian Coast*, New Delhi: Penguin Books India, 2010.

【日本語文献】

浅野哲哉『インドを食べる　豊穣の国・啓示の国』（立風書房、1986年）

井坂理穂・山根聡編『食から描くインド』（春風社、2019年）

辛島昇（大村次郷・写真）『カラー版　インド・カレー紀行』（岩波ジュニア新書、2009年）

小磯千尋、小磯学『世界の食文化８　インド』（農文協、2006年）

小林真樹『食べ歩くインド　北・東編』（旅行人、2020年）
小林真樹『食べ歩くインド　南・西編』（旅行人、2020年）
コリンガム、リジー（東郷えりか訳）『インドカレー伝』（河出書房新社、2006年）
セン、コリーン・テイラー（竹田円訳）『カレーの歴史』（原書房、2013年）
渡辺玲『新版　誰も知らないインド料理』（光文社知恵の森文庫、2012年）

はじめに

重量1.5kgのインド料理本の情報は以下のとおり。Pushpesh Pant, *India: The Cookbook*, London: Phaidon, 2010. NHK BS1「突撃！ストリートシェフ」の「@ロンドン「インド料理」」の回（初回放送日：2021年9月8日）についての概要は、以下のリンクを参照。https://www.nhk.jp/p/ts/BRM78Q4XJP/episode/te/NGQZYPW5ZQ/　カレーについてのコリンガム氏の指摘は、『インドカレー伝』p. 150から引用した。

第一章

カシャップ氏らによる調査結果は以下の論文にまとめられている。Steven A. Weber, Arunima Kashyap and Laura Mounce, "Archaeobotany at Farmana: New Insights into Harappan Plant Use Strategies," in Shinde, Osada, Kumar eds., *Excavations at Farmana, District Rohtak, Haryana, India 2006-2008*, Kyoto: Indus Project, Research Institute for Humanity and Nature, 2011, pp. 808-825. なお、調査結果の概要については、Andrew Lawler, "The Mystery of Curry," Slate, January 29, 2013, https://slate.com/human-interest/2013/01/indus-civilization-food-how-scientists-are-figuring-out-what-curry-was-like-4500-years-ago.html で知ることができる。調査結果をもとにした古代カレーのレシピは、次の記事に掲載されている。Soity Banerjee, "Cooking the world's oldest known curry," BBC, June 22, 2016, https://www.bbc.com/news/world-asia-india-36415079

オケオ遺跡での発掘結果に関する報告は、以下の論文を参照。Weiwei Wang, Khanh Trung Kien Nguyen, Chunguang Zhao and Hsiao-chun Hung, "Earliest curry in Southeast Asia and the global spice trade 2000 years ago," *Science Advances*, Vol. 9, Issue 29, July 2023, https://www.science.org/doi/10.1126/sciadv.adh5517

インドの仏教徒の割合は、2011年の国勢調査にもとづくと0.7%である。なお、このうちの大半をヒンドゥー教から改宗した「新仏教徒」が占めている。

古代インドの浄・不浄の区別に関して記された箇所は、義浄撰（宮林

昭彦・加藤栄司訳）『現代語訳　南海寄帰内法伝　七世紀インド仏教僧伽の日常生活』（法藏館、2004年）、p. 38から引用した。食事の具体的な内容について記された部分は、同書p. 70-71にもとづいて筆者が要約した。サルピスについての説明は、伊藤武『身体にやさしいインド　神秘と科学の国の「生きる知恵」』（講談社＋α文庫、1998年）にもとづく。

イブン・バットゥータによるインドの食事の紹介は、イブン・バットゥータ著、イブン・ジュザイイ編（家島彦一訳注）『大旅行記5』および『大旅行記6』（平凡社東洋文庫、2000年および2001年）から引用した。なお、イブン・バットゥータの旅は、インドも含め29年に及んだ。この間、彼はこまめに記録をつけていたわけではなく、モロッコ帰国後に学者のイブン・ジュザイイに行った口述をもとに『大旅行記』が編纂された。こうした経緯もあり、本の内容のすべてが彼自身の経験や見聞ではなく、伝聞や先行した旅行家の記録をもとにした部分もあるとされる。

各種スパイスについては、アンドリュー・ドルビー（樋口幸子訳）『スパイスの人類史』（原書房、2004年）の解説を参考にした。トウガラシについては、山本紀夫『トウガラシの世界史　辛くて熱い「食卓革命」』（中公新書、2016年）も参照した。アジアを中心とした伝播に関する記述は、高橋保「アジアを中心としたトウガラシの生産と伝播の史的考察」、『アジア発展研究』、1994年11月、https://iuj.repo.nii.ac.jp/record/796/files/2012_1_iuj1_17.pdfの情報にもとづく。16世紀後半のインドにおけるトウガラシの普及状況については、リンスホーテン（岩生成一・渋沢元則・中村孝志訳）『東方案内記』（岩波書店、1968年）を参照した。

世界一辛いトウガラシについての情報は、以下のウェブサイト記事を参照した。"What Are The Hottest Peppers In The World? 2022 List," Chili Pepper Madness, June 21, 2022, https://www.chilipeppermadness.com/frequently-asked-questions/what-are-the-world-s-hottest-chili-peppers/　トウガラシ爆弾の開発については、"World's hottest chilli in a hand grenade," NDTV, March 18, 2010, https://www.ndtv.com/india-news/worlds-hottest-chilli-in-a-hand-grenade-413086を参照した。

インドの食材に関するバーブルの記録は、バーブル（間野英二訳注）『バーブル・ナーマ3　ムガル帝国創設者の回想録』（平凡社東洋文庫、2015年）、p. 111-112から引用した。バーブル本人については、間野英二『バーブル　ムガル帝国の創設者』（山川出版社、2013年）を参照した。ムガル帝国の治世は、佐藤正哲、中里成章、水島司『世界の歴史

14　ムガル帝国から英領インドへ』（中公文庫、2009年）を参照した。
マーユーンとペルシア料理のつながりについての記述は、コリンガム『インドカレー伝』p. 39-41をもとにした。肉料理および流通網の整備については同書p. 44-45、マンリケの報告の引用は同書p. 55-56にもとづいている。

イギリス東インド会社の活動については、ウィリアム・ダルリンプル（小坂恵理訳）『略奪の帝国　東インド会社の興亡（上・下）』（河出書房新社、2022年）に詳述されている。

インドでイギリス人が「カレー」を作り出していった経緯は、コリンガム『インドカレー伝』に詳述されている。「アングロ・インディアンカレー」についてはセン『カレーの歴史』p. 8を参照した。

チキンティッカ・マサラができた経緯については、コリンガム『インドカレー伝』p. 12の記述にもとづいている。クック外相のチキンティッカ・マサラに関するスピーチは、以下に抜粋が掲載されている。“Robin Cook's chicken tikka masala speech,” The Guardian, April 19, 2001, https://www.theguardian.com/world/2001/apr/19/race.britishidentity　イギリス人の好む料理の調査結果は、Suzannah Hills, “Vindawho? Chicken tikka masala knocked off top spot by Chinese stir-fry as Britain's favourite dish,” Mail Online, January 21, 2012, https://www.dailymail.co.uk/news/article-2089796/Britains-favourite-dish-Chicken-tikka-masala-knocked-spot-Chinese-stir-fry.html で報じられている。

インドと紅茶の関係については、以下の記事を参照した。Justin Rowlatt, “The dark history behind India and the UK's favourite drink,” BBC, July 15, 2016, https://www.bbc.com/news/world-asia-india-36781368　現代の茶園の労働環境に関するBBCの調査報道は、以下で読むことができる。Justin Rowlatt and Jane Deith, “The bitter story behind the UK's national drink,” BBC, September 8, 2015, https://www.bbc.com/news/world-asia-india-34173532　紅茶に関する日本語の概説書は、磯淵猛『一杯の紅茶の世界史』（文春新書、2005年）および角山栄『茶の世界史　緑茶の文化と紅茶の社会　改版』（中公新書、2017年）などがある。アッサムの茶葉栽培の歴史については、松下智『アッサム紅茶文化史』（雄山閣、2019年）に詳しい。

第二章

モーティー・マハルによるタンドーリ・チキンやバターチキン、ダール・マカーニーの開発に関する記述は、Monish Gujral, *Moti Mahal's Tandoori Trail*, New Delhi: Roli Books, 2004の内容にもとづく。

—4—

インドでビリヤニについて書かれた書物は多数あるが、ここではPratibha Karan, *Biryani*, New Delhi: Penguin Random House India, 2017を参照した。日本語で記されたものとしては、水野仁輔監修『ビリヤニ　とびきり美味しいスパイスご飯を作る！』（朝日新聞出版、2021年）とビリヤニ太郎『ビリヤニ』（自由国民社、2023年）がある。

ハイデラバード・ビリヤニの歴史的形成については、Syed Akbar, "'Wazir' Mandi strays into 'king' of Hyderabad cuisine Biryani's court," Times of India, November 15, 2021, https://timesofindia.indiatimes.com/city/hyderabad/wazir-mandi-strays-into-biryanis-court/articleshow/87704768.cmsを参照した。コルカタ・ビリヤニの歴史は、Srishti Dasgupta, "Here's how Wajid Ali Shah made the Kolkata biryani," Times of India, May 11, 2017, https://timesofindia.indiatimes.com/city/kolkata/heres-how-wajid-ali-shah-made-the-kolkata-biryani/articleshow/58622647.cmsに詳しい。

グジャラート料理の5分類については、田中啓介氏のウェブサイト「INDIA GO!」に掲載された2023年6月23日の記事、Mika Nakamura「インドの「食いしん坊さん」が集うグルメな街、グジャラートの食文化を学ぶ」（https://tanakkei.com/foodlife/gujarat-food-points）を参照した。安倍首相がグジャラートで食べた料理については、当時インドメディアが盛んに報じていた。たとえば、以下の記事を参照。"For Modi and Japanese PM Abe, A Rooftop Gujarati Dinner," Outlook India, September 13, 2017, https://www.outlookindia.com/website/story/modi-to-feast-japanese-pm-abe-gujarati-food-for-dinner/301652

日本に生まれ育ったインド人女性の物語は、『インド独立の志士「朝子」』（白水社、2016年）という本にまとめた。

ムンバイのダッバーワーラーに関して『ハーバード・ビジネス・レビュー』に掲載された論文は、以下で閲覧可能。Stefan Thomke, "Mumbai's Models of Service Excellence," Harvard Business Review, November 2012, https://hbr.org/2012/11/mumbais-models-of-service-excellence

第三章

インドにおける8つのタイプのベジタリアンは、以下の記事にもとづいている。"8 types of vegetarians found in India," TIMES FOOD, March 16, 2018, https://recipes.timesofindia.com/articles/features/8-types-of-vegetarians-found-in-india/photostory/63316817.cms　インド人の肉食と菜食に関するデータは、以下の調査にもとづいている。

“Eight-in-ten Indians limit meat in their diets, and four-in-ten consider themselves vegetarian,” Pew Research Center, July 8, 2021, https://www.pewresearch.org/short-reads/2021/07/08/eight-in-ten-indians-limit-meat-in-their-diets-and-four-in-ten-consider-themselves-vegetarian/　「第五次全国家族健康調査（NFHS-5）」の州ごとのデータは、National Family Health Survey, India（http://rchiips.org/nfhs/NFHS-5_State_Report.shtml）から入手可能である。肉食に関するマヌ法典の言及は、『マヌの法典』（田辺繁子訳、岩波文庫、1953年）から引用した。不殺生に関する解説は、渡瀬信之『マヌ法典　ヒンドゥー教世界の原型』（中公新書、1990年）から引用した。

食の浄性については、小磯千尋氏および小磯学氏の『世界の食文化8 インド』の解説を参考にした。きのこを使ったレシピは、以下の記事で紹介されている。“13 Best Indian Mushroom Recipes,” NDTV Food, August 1, 2022, https://food.ndtv.com/lists/10-best-indian-mushroom-recipes-703599

牛肉の消費・輸出に関するデータは、アメリカ農務省（USDA）のサイト（https://www.fas.usda.gov/）の統計にもとづいている。牛のと畜については、8州の他にジャンムー・カシミールなどいくつかの連邦直轄領でも禁止規定がないか、禁止する法律が廃止されている。

ガンディーの断食歴については、K. P. Goswami comp., ***Mahatma Gandhi: A Chronology***, Publications Division, Ministry of Information and Broadcasting, Government of India, 1994を参照した。

第四章

モディ首相の生い立ちについては、笠井亮平『モディが変えるインド』（白水社、2017年）を参照。映画『マサラチャイ』は、ドキュメンタリー作品配信サイト「アジアンドキュメンタリーズ」（https://asiandocs.co.jp/）で視聴することができる。

禁酒に関するガンディーの主張は、Mahatma Gandhi, ***Key to Health,*** General Press, 2020から引用した。インド憲法第四七条の邦訳については、鮎京正訓・四本健二・浅野宜之編『新版アジア憲法集』（明石書店、2021年）、p. 281から引用した。

マンゴー・フェスティバルについては、“Mango Festival returns to Delhi after three years!,” Hindustan Times, July 6, 2023, https://www.hindustantimes.com/cities/delhi-news/delhiites-rejoice-as-mango-festival-returns-with-300-varieties-a-celebration-of-the-king-of-fruits-101688634041656.htmlを参照した。「マンゴー早食い競争」については、“32nd Mango Festival drew excitement of Delhites through

the Mango Eating Competition," India News Calling, July 8, 2023, https://www.indianewscalling.com/news/141578-32nd-mango-festival-drew-excitement-of-delhites-through-the-mango-eating-competition.aspx に現場の様子が詳しく紹介されている。

シャリーフ首相の「マンゴー外交」に関しては、パキスタン有力英字紙『ドーン』が2014年9月5日に報じている。https://www.dawn.com/news/1130065　マンゴー・ナショナリズムに関するヴィジ氏の論考は、以下のリンクで読むことができる。https://scroll.in/article/726789/why-indian-mangoes-are-better-than-pakistani-ones

岸田首相がデリーでパーニープーリーを食べる様子の動画は、モディ首相率いる与党・インド人民党が2023年3月21日にXの公式アカウントにアップロードした。https://twitter.com/BJP4India/status/1637885891786973194　鈴木浩駐インド大使の動画は以下のリンクで視聴可能。https://twitter.com/HiroSuzukiAmbJP/status/1662342445307412480

デリー南東部CRパークで食べられるチキン・カティ・ロールは、在インド日本大使館勤務の友人、織田健太郎氏に教えていただいた。

第五章

インド中華料理を取り上げた記事はウェブで多数あるが、書籍は限られている。日本語で書かれたものとしては、岩間一弘『中国料理の世界史　美食のナショナリズムをこえて』（慶應義塾大学出版会、2021年）がインドに伝播した中華料理を取り上げている。

インド北東部の人口および全体に占める比率は、2011年国勢調査の結果にもとづいている。アジアの納豆については、高野秀行『謎のアジア納豆　そして帰ってきた〈日本納豆〉』（新潮社、2016年）に詳しい。

インパール作戦については、笠井亮平『インパールの戦い　ほんとうに「愚戦」だったのか』（文春新書、2021年）を参照。松茸に関するエピソードの引用は、軽部茂則『インパール進攻の夢破れて』（日本ビルマ文化協会関東支部、1978年）にもとづいた。

第六章

ラース・ビハーリー・ボースの生い立ちと日本での活動は、中島岳志『中村屋のボース　インド独立運動と近代日本のアジア主義』（白水社、2005年）にもとづいている。「純印度式カリー」考案にいたるプロセスや材料の工夫は、新宿中村屋ウェブサイト内の「純印度式カリー」（https://www.nakamuraya.co.jp/pavilion/products/pro_001.html）も参照した。白目米については、栽培に取り組んでいる埼玉県幸手市ウェ

ブサイトの「希少なお米「白目米」」（https://www.city.satte.lg.jp/sitetop/soshiki/nougyoushinko/2/6391.html）で味や栽培方法の解説が画像入りでなされている。

A・M・ナイルとナイルレストランの歩みについては、A・M・ナイル（河合伸訳）『知られざるインド独立闘争　A・M・ナイル回想録　新版』（風濤社、2008年）および水野仁輔『銀座ナイルレストラン物語』（小学館文庫、2013年）に詳しく記されている。ムルギーランチのライスについての情報は、ナイルレストランウェブサイト内の「ナイルレストランおすすめメニュー」（https://www.ginza-nair.com/menu）の解説にもとづいている。インデラカレー粉については『銀座ナイルレストラン物語』p. 57-66の記述をもとにした。

ジャヤ・ムールティーとアジャンタについては、アジャンタウェブサイト内の「History アジャンタについて」（https://www.ajanta.com/f/history）を参照した。ジャヤが作ったチキンカレーのエピソードは、有沢小枝『「アジャンタ」マダムがつづるインド四方山話　おいしい暮らし　北インド編』（教育評論社、2020年）、p. 40から引用した。

日本のインド・ネパール料理店の数については、田嶋章博「ネパール人経営の「インネパ店」、なぜ激増？　背景にある2つの歪曲」、Yahoo! Japanニュース、2022年7月6日、https://news.yahoo.co.jp/expert/articles/5a7d5d2d029822092175946f7bc3cb8193c052a6にもとづく。在日ネパール人コックの増加については、小林真樹『日本のインド・ネパール料理店』（阿佐ヶ谷書院、2022年）を参照した。また、彼らを取り巻く環境については、ビゼイ・ゲワリ（田中雅子監訳・編著）『厨房で見る夢　在日ネパール人コックと家族の悲哀と希望』（上智大学出版、2022年）も参考になる。

ダルマサーガラについての情報は公式ウェブサイト（https://dharmasagara.com/about/）を、アーンドラ・キッチンおよびアーンドラ・ダイニングについては「ぐるなびPRO」で2014年3月5日に掲載されたウェブ記事「多彩な南インド料理を地道に紹介する専門店とは」（https://pro.gnavi.co.jp/magazine/t_res/cat_2/a_1326/）を参照した。南インド料理店急増の理由に関する稲田氏の見方は、田嶋章博「日本で「南インド料理屋」激増の意外な理由」、『東洋経済オンライン』、2018年9月9日、https://toyokeizai.net/articles/-/236188から引用した。渡辺玲氏の著作は、『カレーな薬膳』（晶文社、2003年）以外にも、『ごちそうはバナナの葉の上に　南インド菜食料理紀行』（出帆新社、1999年）や『新版　誰も知らないインド料理』（光文社知恵の森文庫、2012年）など多数ある。

商品化された「ケララカレー」については、エスビー食品によるカレ

ー専門サイト内の「S&Bカレールウの歴史」（https://www.sbcurry.com/history/roux/）および「S&B CRAFT STYLE」ブランドサイト（https://www.sbfoods.co.jp/craftstyle/）に紹介がある。『インド夫婦茶碗』（ぶんか社）は2002年に第1巻が出て以降、第24巻まで連載が続いたほか、『インド夫婦茶碗 おかわり！』というシリーズがある。なお、同氏には『流水りんこの南印度は美味しいぞ〜！』（主婦と生活社、2015年）というコミックエッセイもある。

バンゲラズキッチンについては、公式ウェブサイト（https://www.bangeras-kitchen.com/shoplist/ginza/）の内容を参照した。チェティナード料理に関する水野仁輔氏のコメントは、「OnTrip JAL」で2018年8月2日に掲載された同氏の寄稿「カレー界に新ヒーロー誕生か？チェティナード料理を探るインド旅」（https://ontrip.jal.co.jp/asi/17313012）から引用した。

ムグライ料理の解説は、マシャールのウェブサイト内のブログ記事「北インドカレーの特徴とは？　南インド料理との違いも解説！」内の「2－1. 宮廷料理（ムグライ料理）」（https://mashal.jp/blog/characteristics-of-north-indian-curry/）から引用した。ボンベイシジラーズについては、ウェブサイト「東京街人」で2022年2月14日に掲載された記事「世界各地を経て京橋に。BOMBAY SIZZLERSの“お金で買えない”インド料理」（https://guidetokyo.info/work/forefront/00026.html）を参照した。在日インド人の数は、法務省の在留外国人統計にもとづいている。同データは、「e-Stat 政府統計の総合窓口」内のページ（https://www.e-stat.go.jp/stat-search/files?page=1&toukei=00250012）で閲覧可能。

ユニクロのインド進出については、同社の2019年7月17日付プレスリリース「ユニクロ、インド・デリー首都圏に3店舗を出店　1号店は10月にオープン」（https://www.uniqlo.com/jp/ja/contents/corp/press-release/2019/07/19071713_store.html）を参照した。

亀田製菓による柿の種のインド展開については、『朝日新聞GLOBE＋』2021年7月14日掲載の記事「インドで売れる柿の種、その名も「カリカリ」　亀田製菓・インド人副社長の世界戦略」（https://globe.asahi.com/article/14393191）も参照した。

ココイチのインド進出については、三井物産（株）ならびに（株）壱番屋関係者に行ったインタビュー（2023年6月）から多くの情報と示唆を得た。また、2021年2月24日付『朝日新聞デジタル』の記事「インドに「逆上陸」したココイチ　一番人気はガッツリ系」（https://digital.asahi.com/articles/ASP2Q33SXP22 UHBI01V.html）も参照した。

江戸川区および江東区のインド人人口は、ウェブサイト「東京都の統

著者略歴

1976年、愛知県生まれ。岐阜女子大学南アジア研究センター特別客員准教授。中央大学総合政策学部卒業後、青山学院大学大学院国際政治経済学研究科で修士号取得。専門は日印関係史、南アジアの国際関係、インド・パキスタンの政治。在インド、中国、パキスタンの日本大使館で外務省専門調査員として勤務した経験を持つ。著書に『インパールの戦い』『第三の大国　インドの思考』など、訳書にクラブツリー『ビリオネア・インド』などがある。

ハヤカワ新書　016

インドの食卓《しょくたく》
そこに「カレー」はない

二〇二三年十二月二十日　初版印刷
二〇二三年十二月二十五日　初版発行

著　者　笠井《かさい》亮平《りょうへい》
発行者　早川　浩
印刷所　精文堂印刷株式会社
製本所　株式会社フォーネット社
発行所　株式会社　早川書房
東京都千代田区神田多町二ノ二
電話　〇三-三二五二-三一一一
振替　〇〇一六〇-三-四七七九九
https://www.hayakawa-online.co.jp

ISBN978-4-15-340016-0 C0222

未知への扉をひらく

「ハヤカワ新書」創刊のことば

誰しも、多かれ少なかれ好奇心と疑心を持っている。

そして、その先に在る納得が行く答えを見つけようとするのも人間の常である。それには書物を繙いて確かめるのが堅実といえよう。インターネットが普及して久しいが、紙に印字された言葉の持つ深遠さは私たちの頭脳を活性して、かつ気持ちに余裕を持たせてくれる。

「ハヤカワ新書」は、切れ味鋭い執筆者が政治、経済、教育、医学、芸術、歴史をはじめとする各分野の森羅万象を的確に捉え、生きた知識をより豊かにする読み物である。

早川浩